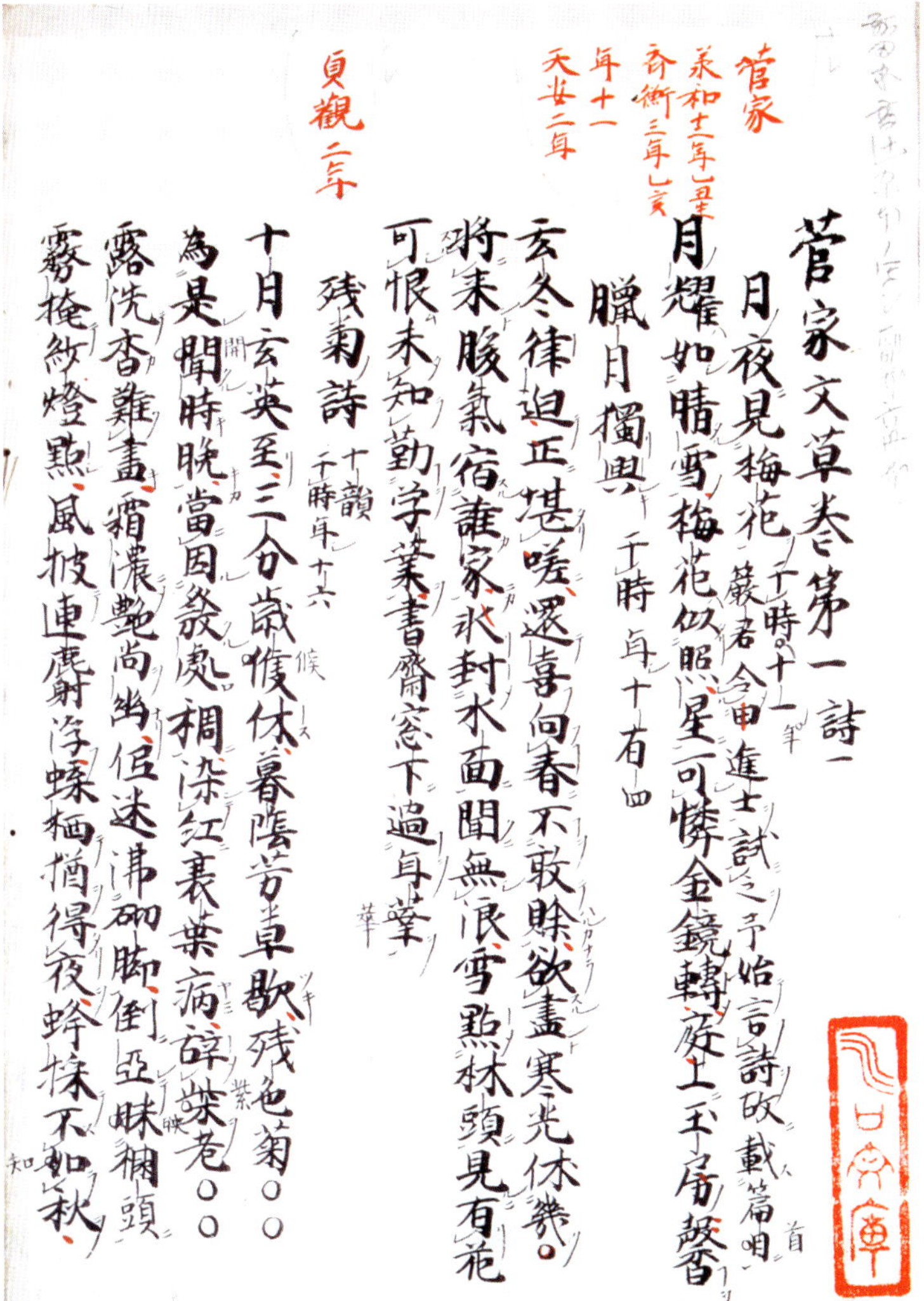

菅家文草巻第一　詩一

月夜見梅花　于時年十一　嚴君令田進士試之予始言詩故載篇首

月耀如晴雪梅花似照星可憐金鏡轉庭上玉房馨

臘月獨興　于時年十有四

玄冬律迫正堪嗟還喜向春不敢賒欲盡寒光休幾處○将来暖氣宿誰家氷封水面聞無浪雪點林頭見有花可恨未知勤学業書斎窓下過年華

残菊詩　十韻　于時年十六

十月玄英至三分歳候休暮陰芳草歇残色菊○○為是開時晩當因發處稠染紅衰葉病辭紫老○○露洗香難盡霜濃艶尚幽低迷沸砌脚倒亞映欄頭霧掩紗燈點風披匣麝浮蝶栖猶得夜蜂採不知秋

『菅家文草』

菅原道真が編纂し，祖父清公・父是善の家集とともに醍醐天皇に献じた自らの詩文集．巻一から巻六に詩，巻七から巻十二に文を収める．図版は明暦2年（1656）に書写されたもので，現存する『菅家文草』写本の中では二番目に古いとされる．

太宰府天満宮本殿

延喜3年（903）2月25日大宰府で没した菅原道真は，葬送の車を牽く牛がとどまって動かなくなったところに葬られた．そこに安楽寺が建立され，太宰府天満宮になったとされる．現在の本殿は小早川隆景が造営したもので，国の重要文化財．

道真流謫の地大宰府

中央が「遠の朝廷」とよばれた大宰府政庁跡．背後に大野城を擁する．写真左下の鉄道沿いの林が，道真が「南楼」「南館」と称した謫居跡とされる，現在の榎社．

京都御所清涼殿と殿上の間

宇多朝以後，内裏正殿の紫宸殿の東北に位置する清涼殿は天皇の日常の居所となり，政務や儀礼の場ともなった．その南の一角は殿上の間とよばれ，そこへの昇殿を許された殿上人が伺候した．

敗者の日本史 3

今正秀

摂関政治と菅原道真

吉川弘文館

企画編集委員
関　幸彦
山本博文

目次

図版目次

〔口絵〕

〔挿図〕

菅原道真とその時代　プロローグ

北野天満宮三光門扁額

昌泰《しょうたい》四年（九〇一）正月二十五日、内裏《だいり》の諸陣が厳戒される中、紫宸殿《ししんでん》に出御《しゅつぎょ》した醍醐《だいご》天皇によって、右大臣菅原道真《すがわらのみちざね》を大宰権帥《だざいのごんのそち》に左遷するとの詔《みことのり》が発せられた。

昌泰の変

天皇《すめら》が詔旨《おおみこと》らまと宣《の》る大命《おおみこと》を親王諸王諸臣百官人等天下公民聞きたまえと宣る。朕即位の初め、左大臣藤原朝臣《ふじわらのあそん》等、前に太上皇の詔を奉《うけたま》わりて、相共に輔け導きて、朝政を取り持ち奉ること、今に五箇年に成ぬ。而《しか》して右大臣菅原朝臣寒門《かんもん》より俄《にわか》に大臣に上げ収め給えり。而るに止足の分を知らず、専権の心有り、佞諂《ねいてん》の情を以て前に上皇の御意を欺き惑わす。然るを上皇の御情を恐れ慎みて奉わり行う。敢えて御情を怨《おも》うこと无《な》く、廃立を行い、父子の慈しみを離間し、兄弟の愛を淑皮せんとす。詞《あざな》は辞い順《したが》わして心は逆《さかしま》なり。是皆天下知る所なり。大臣の位に居るべからず。須く法律の任《まにま》に罪なえ給うべし。然れども殊に念う所有る為になん、大臣の官を停め、大宰権帥に罷け給う。

〈天皇が詔する大命を親王・諸王・諸臣・官人や天下の公民はよく聞くように。朕の即位の初めに、左大臣藤原朝臣〈時平《ときひら》〉らが〈宇多《うだ》〉上皇の詔を奉わり、相共に輔導し、朝政を執り行って五年になった。

右大臣菅原朝臣〈道真〉は低い門地の出自から、にわかに大臣に昇任させたが、止足の分を知らず、権を専らにしようとの心があり、おもねり諂って上皇の意向を欺き惑わせた。しかし、〈自分〔醍醐天皇〕は〉上皇の心を恐れ慎み奉わり行ってきた。〈道真は、そうした〉心を思いやることなく、〈皇位の〉廃立を行って父子を離間し、兄弟間の愛を破ろうとした。口にする言葉は従順であるが心は逆である。こうしたことは天下の知るところである。大臣の位に居るべきではなく、法に遵って罪に問うべきであるが、とくに思うところあるにより、大臣の官を停め、大宰権帥に任じる。）

菅原道真が「敗者」とされた瞬間である。わずか二〇日ほど前の正月七日、道真は正三位から従二位に昇叙されたばかりであり、道真自身にとっても、多くの貴族・官人にとっても、それは突然のことであったであろう。宇多法皇は内裏に駆けつけたが、建春門《けんしゅんもん》の左衛門陣《さえもんのじん》を守る陣官《じんかん》に阻まれ、そこに草座《そうざ》を敷いて終日通夜待機したというが、なすすべもなく退去せざるをえなかった。二十七日には除目《じもく》が行われ、道真子息も長男で大学頭《だいがくのかみ》高視《たかみ》が土佐介《とさのすけ》、式部丞《しきぶのじょう》景行《かげゆき》が駿河権介《するがのごんのすけ》、右衛門尉《うえもんのじょう》兼茂《かねしげ》が飛騨《ひだ》権掾《ごんのじょう》に、それぞれ左降された。同日に出された大宰府《だざいふ》宛ての太政官符《だいじょうかんぷ》で道真を大宰府まで送る使者の発遣が発令され、合わせて、権帥とはいえ大宰府の行政には関与させないこと、任中の給与も従者も与えられないこと、さらに、大宰府までの路次の国々による食事や馬の用意も禁じることが命じられた。道真が都を離れたのは二月一日であった。

以上の菅原道真左遷劇は、昌泰の変といわれる。道真はその後二年余りを大宰府で過ごし、生前には赦されることなく、「敗者」のまま、延喜《えんぎ》三年（九〇三）二月二十五日、彼の地で五九歳の生涯を終えた。

道真を「敗者」としたのは冒頭に掲げた醍醐天皇の詔であるが、すでに平安時代から、その発令は藤原時平の讒言《ざんげん》によるものとされてきた。時平は変の当時には右大臣の道真とならぶ左大臣の官にあった。時平自身は摂政《せっしょう》にも関白《かんぱく》にもならなかったが、昌泰の変は摂関政治成立過程における藤原氏による他氏排斥事件の一つととらえられている。とすれば、菅原道真を「敗者」としたのは摂関政治そのものであったという理解が成り立つ。「敗者の日本史」の一冊をなす本書が『摂関政治と菅原道真』という書名を与えられたのも、そうした理解に立っているからであろう。

従って、本書の主たる課題は、「敗者」とされた菅原道真の行跡と、道真を「敗者」とした摂関政治の成立、そして両者の関係を追うことに置かれよう。

変の真相をめぐって

院政期の成立とされる歴史物語『大鏡《おおかがみ》』は、醍醐朝における時平と道真の関係をふまえ、昌泰の変について次のように述べる。

> 醍醐の帝の御時、このおとど（時平）左大臣のくらゐにて、年いとわかくておはします。菅原のおとど右大臣の位にておはします。そのおり、みかど御としいとわかくおはします。左・右の大臣に、よ《（世）》の政をおこなうべきよし宣旨くださしめ給へりしに、そのおり左大臣御年廿八九ばかりなり。右大臣の御とし五十七八にやおはしましけん。ともによのまつりごとをせしめ

給しあひだ、右大臣は才《ざえ》よにすぐれめでたくおはしまし、御こころを《（お）》きてもことのほかにかしこくおはします。左大臣は、御としもわかく、才もことのほかにおとり給へるにより、右大臣の御おぼえ事のほかにおはしましたるに、左大臣やすからずおぼしたるほどに、さるべきにやおはしけん、右大臣の御ためによからぬ事いできて、昌泰四年正月廿五日、大宰権帥になしたてまつりてながされ給ふ。

若年の時平と壮年の道真の「才」、すなわち漢学の教養を中心とした学才の相違を強調し、天皇の寵遇《ちょうぐう》を集める道真に時平は心穏やかでなかったとする。ただし、道真左遷の要因については、「さるべきにやおはしけん」、そうなるはずの前世からの運命とでもいったものか（保坂弘司『大鏡全評釈上巻』一九七九年）と言葉を濁している。

ところが、鎌倉時代の初め、承久《じょうきゅう》の変《へん》前後に、時平の弟忠平《ただひら》の子孫で天台座主《てんだいざす》となった慈円《じえん》が著わした『愚管抄《ぐかんしょう》』では、「時平ノ讒言ト云事ハ一定也」と断じている。南北朝期の公家北畠親房《きたばたけちかふさ》が著した『神皇正統記《じんのうしょうとうき》』では、醍醐天皇が宇多上皇のもとに赴き、天下の政を道真に任せることとしたが、道真はそれを辞退した。ところが、「其事世ニモレニケルニヤ、左相（時平）イキドヲリヲフクミ、サマザマ讒ヲマウケテ、ツキニカタブケ奉リシコトコソアサマシケレ」とした上で、「此君ノ御一失ト申伝ハベリ」、「猶御幼年ノユヘニヤ、左相ノ讒ニモマヨハセ給ケン。聖モ賢モ一失ハアルベキニコソ」と、時平の讒言に迷った醍醐天皇の失策であるとしている。『神皇正統記』が醍醐天皇の判断の是非に言及するのは、同書が南朝の幼主後《ご》村上《むらかみ》天皇の訓育のために著されたことによるのであろう。
ところで、これらの諸書では具体的に触れられていないが、醍醐天皇詔では道真左遷の最も大きな理由を「廃立」、すなわち醍醐天皇を廃位し、新たな天皇を擁立しようとしたこととしている。道真による廃立の企てが事実であったのかどうかは江戸時代以来さまざまに論じられてきたが、その内容は四通りに分類できるという。第一は道真は無実、時平の一方的策謀とする説。第二は道真は無実であるが、源《みなもとの》 善《よし》らが廃立を画策したとする説。第三は道真は無実であるが、宇多上皇が廃立を主唱したとする説。第四は道真も源善と上皇の廃立計画に参加したとみる説である（所功「菅原道真配流の真相」〈同『菅原道真の実像』二〇〇二年〉）。

廃立計画があったとする説が拠り所とするのは、道真が左遷された年の七月十日、宇佐《うさ》八幡宮《はちまんぐう》へ御《ご》幣使《へいし》として遣わされた藤原清貫《きよつら》が、醍醐天皇に復命とともに行った奏上である。

又云わく、帥菅原朝臣の気色《けしき》及び府使《ふし》等を候うに、大弐《だいに》葛絃《くずお》（〈小《お》〉野篁《ののたかむら》息、道風《みちかぜ》父也）京下伝言の如くんば、其の事甚だ不便なり、其の気色を候わしむるに、殊に帥たることなしと。又諸人云わく、此の如しと。但し、帥の気色を見るに、殊に窮体を示す。前日の言意、既に理伏するに似たり。其の詞に云わく、自ら謀るところなし、但し、善朝臣の誘引を免るることあたわず、又仁和寺《にんなじ》の御言、しばしば承和《じょうわ》故事を奉わることあるのみと云々。

（道真の様子と大宰府官人をうかがいみたところ、大宰大弐小野葛絃は、「「京下伝言」のようであれば、それは全く気の毒なことである。道真の様子をうかがいみると、師としてあるべき様ではない」と語った。また、その他の人も、そのようにいっていた。道真の様子を見ると、ことに窮した様子であった。「前日の言意」については、すでに理に伏したように見えた。道真がいうには、「自ら謀をしたことはない、ただし、源善の「誘引」を免れることができず、また、宇多上皇がしばしば「承和の故事」を仰るのを聞いた」と。)

ここでも廃立について具体的に述べられている訳ではないが、宇多上皇が語ったという「承和の故事」を皇太子が廃された承和の変のこととし、源善の「誘引」、道真が理に伏したように見えると述べられていることから、廃立計画の存在を想定するのである。

変の真相についての私見は後に述べるとして、ここでは道真左遷の理由として廃立、すなわち皇位継承があげられていることに改めて注目しておきたい。なぜなら、摂関政治も皇位継承のあり方と深く関わって成立してきたからである。

道真が生きた時代

ところで、道真が生きたのは概ね九世紀の後半。それは藤原良房《よしふさ》・基経《もとつね》によって摂関政治が始められた時期と重なる。これまでの研究では、九世紀についてどのような歴史像が描かれてきたのであろうか。前後の八世紀、十世紀と比較しながら見てみよう。

八世紀は奈良時代。初めての体系的な法典である大宝律令《たいほうりつりょう》が制定され、律令国家がその姿を現した時代である。日本古代史研究の重要な課題の一つは、日本における古代国家の成立を考察することであった。かつては律令国家は古代国家の完成形態と考えられ、それ以前の歴史はその形成・成立過程と位置づけられた。そして八世紀についての研究では、成立した律令国家の支配の仕組みと実際の運用、政局の変転、文化・宗教の展開など時代の多様な様相が、『続日本紀《しょくにほんぎ》』や正倉院文書《しょうそういんもんじょ》、木簡《もっかん》などの史料から豊かに解明されてきた。

ところが、九世紀に入ると律令制に基づく支配はうまく機能しなくなる。そこで、長岡京《なかおかきょう》を経て平安京《へいあんきょう》に遷都した桓武《かんむ》朝以降、さまざまな律令制再建策が講じられた。が、長期的に見れば律令制の動揺は抑えがたく、九世紀は律令国家が衰退・解体・崩壊していく過程ととらえられ、時期が下るほどに古代史研究の射程から外れていった。その中では、摂関政治の成立過程と、それと関連した貴族社会の動向は、律令政治に変わる新たな政治形態の成立と、律令制貴族の変容として研究が重ねられていった分野であった。

一方、日本において古代の中からどのようにして中世が誕生してくるのかという課題を追究した中世史研究においては、戦後、十世紀を古代から中世への転換期とする理解が広く受け入れられ、九世紀は転換の前史、転換を準備した時期と位置づけられた。とくに、古代から中世への転換の担い手を封建領主としての在地領主に求める理解からすれば、在地領主成立の前提として、九世紀に現れる富豪の輩《ともがら》、田堵《たと》、負名《ふみょう》などが注目され、その経営体である名《みょう》の成立過程とその実態、在地領主への「成長」などが追究された。在地領主の成立がさかのぼっても十一世紀半ば以降、一般的には十二世紀であることが明らかにされると、十世紀は古代的なものが解体する一方、いまだ中世的なものが現出していない過渡期と考えられるようになった。そうした研究動向の中から、十世紀には独自の社会構造が存し、それに対応した支配が行われていたとする学説、王朝国家論が提唱された。王朝国家論では、十世紀以降の律令制とは異なる独自の支配の仕組みは、九世紀末から十世紀初めにかけての国制改革（寛平《かんぴょう》・延喜《えんぎ》の国制改革）によって構築されたと考えられ、九世紀はそのための政策的模索の時期とされた。

こうした研究の進展は、菅原道真の伝記的叙述にも反映している。今日でも簡潔にして要を得た道真伝といえる一九六二年刊行の坂本太郎氏の『菅原道真』が政治史中心の叙述であるのに対し、一九七九年刊行の阿部猛氏の同名の著書は、副題の「九世紀の政治と社会」に表されているように、「道真の生涯を通して、当時の政治・社会を描こう」とされたものである。さらに、平田耿二氏は二〇〇〇年刊行の『消された政治家　菅原道真』で寛平・延喜の国制改革を準備したのは道真であったとし、「道真は政治家として具体的に何をしたのか」、「なぜ彼は政界から抹殺されねばならなかったか」を論じられた。

本書でも、道真の歩みと重ねながら、九世紀の社会と支配の変化の諸相を跡づけていく。

史料としての『菅家文草』『菅家後集』

歴史研究者は、今日まで残された史料から過去に起きたこと、すなわち歴史事実・史実を復元し、その相互の関係を考察し、歴史像を構築していく。九世紀までの歴史について考える文献史料としては六国史が最も基本的なものである。六国史は国家事業として編纂された官撰史書で、八世紀初めに律令国家がその成立の歴史をまとめた『日本書紀《にほんしょき》』（持統《じとう》朝までを収める）に始まり、『続日本紀《しょくにほんぎ》』（文武《もんむ》朝から桓武朝）、『日本後紀《にほんこうき》』（桓武朝から淳和《じゅんな》朝）、『続日本後紀』（仁明《にんみょう》朝）、『日本文徳天皇実録《にほんもんとくてんのうじつろく》』（文徳朝）、『日本三代実録』（清和《せいわ》朝から光孝《こうこう》朝）と続く。道真も『日本三代実録』の編纂に加わっている。『日本三代実録』に続く史書の編纂も国家事業として取り組まれたことはあったが、いずれも完成を見ることはなかった。従って、光孝朝に続く宇多朝以後を考究するためには、『日本紀略《にほんきりゃく》』、『扶桑略記《ふそうりゃっき》』などの私撰史書や『政事要《せいじよう》略《りゃく》』などの法制書、天皇や貴族の日記（古記録）などを用いることになる。冒頭で紹介した道真左遷の詔は『政事要略』に収録されたものであり、大宰府での道真の様子についての藤原清貫奏上は、『扶桑略記』に収められた醍醐天皇の日記に記されたものである。

ところで、道真は自らの漢詩や文章を集めた『菅家文草《かんけぶんそう》』・『菅家後集《かんけこうしゅう》』を残している。両書とも成立事情や時期が明らかで、しかも一〇〇〇年以上の時を経てほぼ完全な形で伝えられてきた稀有のものといえ、これまでの研究においても貴重な史料として用いられてきた。

『菅家文草』（以下、『文草』と略す）は、道真が一一歳で初めて詠んだ詩から、左遷される前年の昌泰三年（九〇〇）まで四五年間の詩四六八首をほぼ詠作年次に従って編纂した六巻までと、さまざまな機会に作成した賦・銘・賛・祭文《さいもん》・記・序・議・願文《がんもん》や、策問（文章博士《もんじようはかせ》として出題した国家試験の問題文）と対策（道真自身が受験した時の回答）、公務として起草した詔勅、貴族・官人からの依頼によって代作したものを含む奏状・表状などの文章一五九編を収めた七巻以下の全一二巻からなる。

『文草』成立の事情も、そこに収められた「家集を献ずる状」（674。川口久雄校注『菅家文草・菅家後集』〈『日本古典文学大系72』〉一九六六年〉の作品番号。以下同じ）によって知られる。醍醐天皇が皇太子であった時、道真は命じられて「讃州客中詩」（讃岐守《さぬきのかみ》時代に詠んだ詩）を献上した（巻三・四）。さらに、醍醐天皇即位後、道真に「文草」を献上するよう勧める人があったので、道真は「讃州客中詩」以前の作品に当たる「元慶《がんぎよう》年間以往藁草」を整えようとした。讃岐守として赴任中に書斎の雨漏りのため架蔵図書も文草も大きな被害を受けていたが、平有直《たいらのありなお》という人が「天下の詩賦雑文」を写しもっていると聞き、文草の提供を依頼したところ、有直は快諾して数日後に数百首を写し贈ってくれた。それでもまだ欠けているものについては、雨漏りで破損した残片を補綴《ほてい》した（巻一・二）。これに、讃岐から帰任後の「寛平以降の応制雑詠」（巻五・六）と「先後の雑文等」（巻七以降）を合わせて一二巻としたのである（後藤昭雄「『菅家文草』の成立」〈同『平安朝漢文学史論考』初出二〇〇二年〉）。なお、道真は自らの『文草』とともに、祖父菅原清公《きよきみ》《きよとも》の『菅家集』六巻、父是善《これよし》の『菅相公集』一〇巻を醍醐天皇に献上している。

一方の『菅家後集』（以下、『後集』と略す）は、大宰府左遷後から没するまでの詩四六首（写本によっては左遷直前のものを含む五三首）を収める。これについては道真自身による成立事情の説明は残されていないが、『北野天神御伝《きたのてんじんごでん》』の記述などから、死に臨んだ道真が大宰府で詠んだ詩を選び、都にいた詩友紀長谷雄《きのはせお》に贈ったものとされている。

先に紹介した歴史研究者による道真の伝記的研究においても、もちろん『文草』・『後集』に触れられているが、『文草』・『後集』に収められた詩文そのものを研究対象とした平安時代漢文学研究は、実に多くの学ぶべきものを示してくれている。藤原克己氏の『菅原道真　詩人の運命』（二〇〇二年）は文学研究者による道真評伝である。筆者自身、本書執筆の要からほとんど初めて平安時代漢文学研究に接したのだが、作品を深く掘り下げることで道真の心のひだに迫りつつ、白居易《はくきょい》（白楽天《はくらくてん》）の詩文をはじめとした中国の漢詩文との関係をふまえて論じられる、日本の漢詩文や和歌の歴史における道真作品論、また道真論にはたいへん興味深いものがあり、多くを教えられた。もとより歴史研究者である筆者には、文学研究における道真研究の成果を十分にくみ取り伝える力量はないが、本書では可能な限りそれをふまえた叙述を心がけたい。

I

祖業は儒林 聳えたり

「詩臣」の形成

1—菅原父子（『北野天神縁起絵巻』巻一）
脇息に寄りかかる菅原是善と，その前で詩作に励む道真を描く．縁起では，11歳になった道真は，試みに詩を作ってみよとの是善の言葉が終わらぬうちに，『菅家文草』冒頭の「月夜に梅花を見る」を詠じたとする．

1 「祖業」の形成

菅原氏の成立

道真《みちざね》が生をうけた氏族が菅原《すがわら》氏を称するようになったのは、道真の曾祖父古人《ふるひと》の時代である。それ以前は土師《はじ》氏と称した。『日本書紀』垂仁《すいにん》天皇三十二年七月条には、后日葉酢媛《ひばすひめ》の葬送にあたり、天皇が殉死を廃するべく、その代替策を求めたのに対し、野見宿禰《のみのすくね》が土師部《はじべ》に人や馬などを作らせ、これを殉死者に替えて陵墓に立て置くよう進言して採用されたという埴輪《はにわ》の起源伝承を載せ、この功によって野見宿禰は土師臣と氏姓を改められたとする。以後、土師氏は天皇の葬送儀礼などに従事してきたが、天応《てんおう》元年（七八一）六月に土師宿禰古人・道長《みちなが》らが居地の名によって菅原を氏名《うじな》とすることを願い出て許された。この改氏姓は、葬制の変化にともなう役割の低下に対し、より一般的な官人として前途を広げることを意図したもので、それが許されたのは、その年の四月に即位した桓武《かんむ》天皇の外祖母土師真妹《まいも》が同族出自であったことが有利に働いたと考えられている（直木孝次郎「土師氏の研究」〈同『日本古代の氏族と天皇』初出一九六〇年〉）。桓武天皇即位を好機と見ての願い出であったのであろう。その後も土師氏からは延暦《えんりゃく》元年（七八二）に秋篠《あきしの》、延暦九年に大枝《おおえ》（のちに大江）への改氏姓を許された一族がある。古人らが氏名とした菅原は現在も奈良市菅原町にその名を残しており、延喜式内社の菅原神社と菅原寺（喜光寺《きこうじ》）がある。

2――菅原神社

儒者の系譜1　曾祖父菅原古人

菅原古人については、桓武天皇の侍読《じどく》を務めたこと、遠江介《とおとうみのすけ》となって従五位下に達したことが知られる程度であるが、その人となりは「儒行《じゅこう》世に高く、人と同ぜず」とされている。土師の氏名を改め、従来の葬送儀礼への関与から脱することを決した古人は、菅原氏として新たに負うべきものとして「儒行」を選んだのである。侍読を務めたことからすれば、彼自身世に認められた儒者であったことになる。「家に余財無く、諸児寒苦す」という暮らしぶりではあったが、古人の男で道真の祖父となる清公《きよきみ》《とも》は年少にして儒教の古典や史書を学んでいたというから、貧苦の中でも子どもへの教育には意を用いていたことがうかがわれる。新たな氏としての菅原氏の将来を、儒行に託してのことであったのであろう。

儒者の系譜2　祖父菅原清公

道真の祖父清公は宝亀《ほうき》元年（七七〇）生まれ。古人の四男とされる（以下、清公の経歴については滝川幸司「菅原清公伝考」〈『古代中世文学論考』第四集、二〇〇〇年〉。なお清公・是善《これよし》・道真の経歴のうち、遙任《ようにん》の国司については煩雑を避けるため省いた）。延暦三年（七八四）、桓武天皇の詔によって一五歳で東宮早良《さわら》親王に侍した。翌年九月には藤原種継《ふじわらのたねつぐ》暗殺事件への関与を理由に早良親王が皇太子を廃されたが、清公は元服前であったためか累が及ぶのを免れたらしい。同年十二月には、父古人の侍読の功により、学業に精励させるため三人の兄弟とともに衣粮を給されている。古人の没年は不明だが、延暦四年にはすでに没していたから、延暦三年に清公を皇太子に侍せしめたことも合わせ、古人亡き後の子息たちへの桓武の配慮であったろう。それは、古人の子息たちが父の儒行を受け継ぐことを期待してのことであったと考えられる。

そうした期待に応えて、清公は延暦八年に二〇歳で文章生試《もんじょうしょうし》に合格し、大学で学ぶことになった。大学は律令国家の官人養成機関であり、本来そこでの学習の中心は官人としての資質養成のための経学、すなわち儒学であった。が、律令国家の行政は文書によることを主としたことから官人には漢文作成能力が必須となり、とくに詔勅や太政官符《だいじょうかんぷ》には故事・典籍をふまえた流麗な文章が求められた。加えて、奈良時代に貴族の宴席で漢詩作成が盛んになったこともあり、大学では漢詩文の教育に力が入れられるようになった。こうして、漢詩文作成とそのための素養としての中国史書の学習を専攻する学科が設けられ、のちに文章道《もんじょうどう》・紀伝道《きでんどう》と称されることになる。そこで学ぶ文章生の志望者が増えると、選抜試験としての文章生試が行われるようになった。文章生試の史料上の初見が清公の事例である。さらには、選抜試験のなかった経学をまず大学で学び、その後に文章生試を受ける者も増え、本来大学の中心的学科であった経学との間に逆転的現象まで生じるに至った。

清公は優秀な成績を修め、文章得業生《もんじょうとくごうしょう》となる。得業生は、才知聡明で学業に優れ、修学の志がありながらも貧しい学生に時服《じふく》という給与と食料を賜わって学業に精励させようとしたものである。さらなる勉学に励んだ清公は、延暦十七年二九歳で令制最高の官人登用試験秀才試（方略試《ほうりゃくし》）を受験した（献策）。与えられた二つの課題について漢文による論文で答えるもので、回答文は内容と表現について評価された。八世紀初めの慶雲《けいうん》年間（七〇四〜）から承平《じょうへい》五年（九三五）までの二三〇年ほどの間に合格者が六五名といわれる難関であった。清公はいったん不合格とされたが、まもなく合格（及第）と変更されている。

及第した清公は大学少允《しょうじょう》に任じられ、官人としての歩みを始めた。四年後の延暦二十一年には遣《けん》唐判官《とうはんがん》に任じられ、翌々二十三年、唐へ渡った。清公の乗った第二船には最澄《さいちょう》も乗っていた。帰国後の七月には従五位下に叙され、翌月には大学助に転じる。翌年正月の除目《じもく》で尾張介《おわりのすけ》となって赴任。「刑罰を用いず、劉寛《りゅうかん》（後漢の人。温仁・多恕で知られる）の治を施」したとされる。

清公が任満ちて都へ戻ったのは弘仁《こうにん》三年（八一二）。以後、清公は嵯峨《さが》天皇のもとで官位を進めていく。同年に左京亮《さきょうのすけ》、大学頭、四年には主殿頭《とのものかみ》を経て太政官事務局の右少弁《うしょうべん》、左少弁となり、転じて式部少輔《しきぶのしょうゆう》となった。弘仁七年には従五位上に叙されている。式部少輔在任中の弘仁九年、詔によって、天下儀式、男女衣服、五位以上位記《いき》の書式、内裏《だいり》の殿閣や諸門の名、儀礼において謝意を表現する舞踏といわれる身振りが唐風に改められたが、清公はこれら唐風化政策の全てに関わっていたという。

弘仁十年、正五位下に叙され、儒家の頂点に立つ文章博士《もんじょうはかせ》となり、嵯峨天皇に『文選《もんぜん》』を講じている。弘仁十二年には従四位下に叙され、式部大輔《たゆう》から左中弁となったが、右京大夫への遷任を望んで認められている。しかもこの時、すでに従四位となっていた清公のために、嵯峨天皇は右京大夫の相当位階を正五位から従四位に引き上げている。嵯峨天皇と清公の密接な関係がうかがえよう。

弘仁十四年には嵯峨天皇が譲位して淳和《じゅんな》天皇が即位。清公は弾正大弼《だんじょうだいひつ》となったが、翌天長《てんちょう》元年（八二四）、播磨守《はりまのかみ》に任じられる。人々はこれを左遷に異ならないとして憂え、翌二年、国の元老を都から遠ざけるべきではないとの公卿議奏《くぎょうぎそう》がなされた。結果、清公は都へ戻され、再び文章博士となる。以後、没するまで一七年にわたって文章博士を務め、「儒門の領袖《りょうしゅう》」と称された。天長三年には再び弾正大弼となるも左京大夫に転じ、さらに大学頭に還任され、四年には従四位上、八年には正四位下に叙されている。天長十年に編纂なった令義解《りょうのぎげ》の編者の一人にもなっており、法制に通じていたことがうかがわれるが、それは儒行を通じて得た知識と、これまで経てきた官職における経験によるのであろう。

令義解完成の直後に淳和天皇が譲位して仁明《にんみょう》天皇が即位。清公は承和二年（八三五）に天皇に『後《ご》漢書《かんじょ》』を講じている。承和六年、七〇歳で従三位に叙されたが、文章博士が三位に叙されるのは初めてであった。さらに、老病で体が弱り、歩行が困難であるとして、牛車での参内《さんだい》が勅許された。こうした栄誉に浴したことを、その薨伝は「稽古の力、徇求して致す所にあらず」と述べている。その後病のため参内することもなくなり、承和九年十月十七日、七三歳で没した。その人となりは「仁にして物を愛し、殺伐を好まず。像を造り経を写し、これをもって勤めとなす。恒に名薬を服し、容顔衰えず」とされる。

清公が官途《かんと》を歩んだ嵯峨・淳和・仁明朝は、嵯峨朝に『凌雲集《りょううんしゅう》』と『文華秀麗集《ぶんかしゅうれいしゅう》』、淳和朝に『経国集《けいこくしゅう》』という勅撰漢詩集が編まれた漢詩文の隆盛期で、その中心にあったのは嵯峨天皇であった。清公は三集とも編者を務め、いずれにもその作品が収められている。その中には嵯峨天皇の詩に和して詠んだ奉和詩《ほうわし》もある。清公は父古人の期待に応えて儒行に精進して身を立てるとともに、文章生・同得業生以来培った詩文の才によって、嵯峨天皇を中心とした宮廷文壇の一角をも占めたのであった。

儒者の系譜3　父菅原是善

道真の父是善は弘仁三年（八一二）生まれ。清公の四男とされる（以下、是善の経歴については後藤昭雄「菅原是善伝逸事」〈同『平安朝文人志』初出一九九二年〉。滝川幸司「菅原是善伝考　上」〈『奈良大学大学院研究年報』一七、二〇一二年〉・「菅原是善伝考下」〈『奈良大学紀要』四〇、二〇一二年〉）。「幼にして聡穎、才学日に新たなり」とされ、嵯峨天皇と父清公との関係によるのであろう、一一歳で嵯峨に常侍し、書を読み詩を賦したという。二二歳で文章得業生となったが、おそらくそれ以前に文章生となっていたであろう。この頃、父清公は文章博士となっていた。

承和六年（八三九）、母の喪中に秀才試を受け中上《ちゅうじょう》の成績で及第。位階を三階進められて正六位上に叙された。翌年に大学大允《だいじょう》に任じられるが、父清公も及第後大学少允となっている。承和九年には大学助、次いで大内記《だいないき》となるが、この年父清公が没している。承和十一年には従五位下に叙され、翌十二年、文章博士となる。清公が最初に文章博士となったのが五〇歳であったから、三四歳での任官はかなり早い。

承和十四年には東宮道康《みちやす》親王（後の文徳《もんとく》天皇）の学士となる。嘉承《かしょう》三年（八五〇）仁明天皇が没して道康親王が即位すると、是善は東宮学士の功によるのであろう、正五位下に昇叙されている。仁寿《にんじゅ》三年（八五三）には大学頭となり、斉衡《さいこう》二年（八五五）には従四位下に叙され、翌三年、かつて父清公も任じられた左京大夫に任じられた。

天安《てんあん》二年（八五八）八月、文徳天皇が急逝。是善は臨終の大赦の詔書の起草に当たり、没後には陵墓地の選定にも赴いている。清和天皇の即位を文徳陵に報告する使者も務めた。

貞観《じょうがん》五年（八六三）には、これも父清公がかつて任じられた弾正大弼となり、翌六年には刑部卿《ぎょうぶきょう》に遷る。貞観九年には二二年にわたって務めてきた文章博士を離れたが、文章博士時代には大学で『文選』や『漢書』を講じたことが知られる。十一年完成の貞観格《じょうがんきゃく》編纂には中心的役割を果したと考えられており、十二年には式部大輔となり、同年完成の貞観式の編纂にも関わっている。十四年には六一歳で参議《さんぎ》となった。菅原氏から初めての公卿任官である。十五年に正四位下に叙され、十六年には勘解由使《かげゆし》長官を兼ねた。

元慶二年（八七八）には、清和朝に編纂に着手されながら中断していた『日本文徳天皇実録』の編者に加えられた。翌年完成したその序文は、「家君（是善）の教を奉じて」道真が執筆している。同年従三位に叙され、翌元慶四年八月三十日、六九歳で没した。

道真の手になるとされる薨伝には以下のように記されている。「是善、藻思華贍、声価尤も高し。小野篁《おののたかむら》は詩家の宗匠、春澄善縄《はるずみのよしただ》・大江音人《おおえのおとんど》は在朝の通儒なり。並びに文章をもって相許す。上卿良吏、儒士詞人、多く是門弟子なり。天性事少なく、世体忘るるがごとし。常に風月を賞で、詩を吟ずるを楽しぶ。最も仏道を崇び、人物に仁愛たり。孝行天至、殺生を好まず」。また、『東宮切韻《とうきゅうせついん》』二〇巻、『銀牓翰律《ぎんぼうかんりつ》』一〇巻、『集韻律詩《しゅういんりつし》』一〇巻、『会《かい》（昌《しょう》）分類集《ぶんるいしゅう》』七〇巻などの詩文に関する著作と自らの家集一〇巻があったことも記されている。

3──菅原院（是善邸第）の故地に建つ菅原院天満宮

是善は古人・清公以来の儒行を受け継ぎ、清公と重なる官職を経て、ついに公卿に昇った。また、清公と同じく文章博士となって儒家の頂点に立ち、公卿・官人、儒者・詩人の多くはその門弟であるといわれるほどの隆盛を示すまでになった。

以上に見た古人・清公・是善が三代にわたって築いてきた菅原氏のあり方を「祖業」として強く意識し、その継承とさらなる発展を自己の負うべき務めとしたのが道真であった〈秋山虔「菅原道真の詩人形成」〈同『王朝の文学空間』初出一九七五年〉〉。

2 「詩臣」道真

誕生から及第まで

道真は承和十二年（八四五）の生まれ。当時、父是善は文章博士で大内記を兼ねていた。是善の三男とされ、兄二人については詳しいことが知られないことから夭逝《ようせい》したと考えられてきたが、道真自身が詩の中で一人子を意味する表現を用いていたり、兄弟がいないと述べていることから一人子であったとする理解が示され、支持されている〈後藤昭雄「菅原道真の家系をめぐっての断章（一）」〈同『平安朝文人志』初出一九九二年〉〉。

母は伴《とも》氏と伝わるのみであるが、臨終の際、「幼少の道真が病気のため危険な状態に陥ったとき、観音像を造ることを発願して祈り、ことなきを得た。道真の禄を割いて観音像の造立を果たしてほしい」と遺言したという。

道真は一一歳で初めて詩を詠んでいる。父是善が、門弟島田忠臣《しまだのただおみ》に指導させてのことであった。

月夜見梅花　（1）

月耀如晴雪　月耀は　晴雪の如く
梅花似照星　梅花は　照星の似《ごと》し
可憐金鏡轉　憐れむべし　金鏡の転《めぐ》りて
庭上玉房馨　庭上に　玉房の香《かお》れることは

　輝く月の光は、晴れた日の雪のように明らかに澄み、月下の夜の梅の花は、照る星のようだ。鏡の如き月が移動してゆくにつれて、庭園の梅の花ぶさが香ってくるのは、ああ、えもいわれぬことだ（読み下しと現代語訳は、小島憲之・山本登朗『菅原道真』〈一九九八年〉による。読み下しは新字体、現行仮名遣いに改めた）。

4―十一面観音菩薩立像

　第二句の梅花を星にたとえた表現は先例が見いだしえないとされ、「いかにも若い作者らしい新鮮な表現」とされる（小島・山本前掲書）。道真がよく用いることになる「見立て」の技法が早くも、かつ独創性を発揮しつつ用いられているのである。

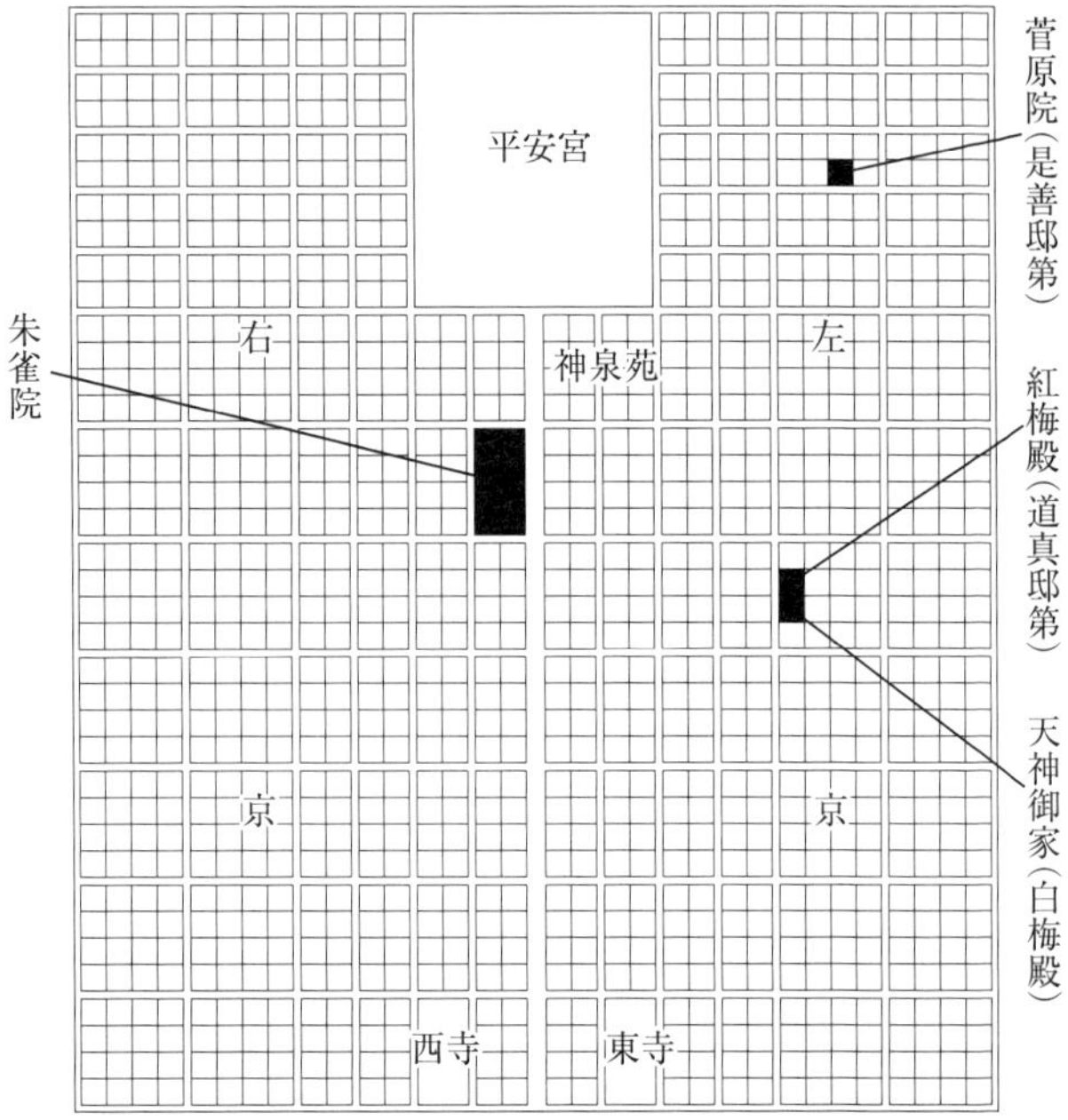

5―菅家邸第位置図

また、第四句の梅の香を詠むというのは万《まん》葉集《ようしゅう》にはなく、白居易らの「暗香《あんこう》」という詩語を摂取して古今和《こきんわ》歌集《かしゅう》で見られるようになることが先駆的に試みられているという（小島憲之『古今集以前』一九七六年）。おそらくこの頃から、菅原氏の将来を担うべき者としての教育が本格的に始まったのであろう。一四歳の時には、「恨むべしいまだ学業に励むことを知らずして、書斎の窓の下に年華を過ごさんことを」（2）と詠んでいる。

貞観元年（八五九）に一五歳で元服。同四年四月十四日に文章生試を受け、五月十七日に及第している。受験に当たって是善は毎日のように作詩を課し、道真は数十首を詠んだという。連日の模擬試験というところであろうか。

文章生となった道真は、その年九月九日の重陽宴《ちょうようのえん》に侍して詩を詠じている（8）。のちに「詩臣」

を自負することとなる道真の第一歩が記されたのであった。

貞観九年、是善は文章博士を離れたが、この年正月道真は文章得業生となり、翌月には正六位下に叙され、下野権少掾《しもつけのごんのしょうじょう》に任じられた。これは俸禄を受けるだけで国司の実務に携わるものではなく、学問料の支給に相当するといえよう。道真は対策及第に向けさらなる勉学に励むことになる。この頃、是善から、東京宣風坊《とうきょうせんぷうぼう》(五条)にあった邸宅の西南隅の廊の南端にあった方一丈の局《きょく》を、学問に励む宿廬《しゅくろ》とするべく与えられている。そこで学んで文章生や得業生となった者は一〇〇人近いことから、「龍門」と称された「名処」だという(526)。是善の期待のほどがうかがえよう。道真はその後長く、そこを書斎として用いることになる。なお、この廊には道真に与えられた局以外にも同様の局があって門弟らが学んでおり、菅原氏の私塾「菅家廊下《かんけろうか》」の称はここから起こったとされる。

次の詩は、勉学に専念した当時の様子を伝える。

停習彈琴(38)

偏信琴書學者資　　偏に信ず　琴と書とは学者の資《たすけ》なりと
三餘窓下七條絲　　三余の窓の下　七条の糸
專心不利徒尋譜　　専心すれど利あらず　徒《いたずら》に譜を尋ぬ
用手多迷數問師　　手を用いたれど迷うこと多く　数《しばしば》師に問う

斷峽都無秋水韻
寒鳥未有夜啼悲
知音皆道空消日
豈若家風便詠詩

断峡都《すべ》て秋水の韻無し
寒鳥夜啼の悲しび有らず
知音皆道《い》う　空しく日を消す
豈《あに》　家風の詩を詠ずるに便りあるに若《し》かめやと

琴を弾くことと書物を読むことは学者のたすけとなることだと、わたしはひたすら信じていた。そして暇さえあれば、学問をするはずの書斎の窓辺で、七弦の琴をまさぐってばかり。専念してがんばってもうまく演奏できず、むやみに楽譜に頼る状態。手を動かしても迷うことが多く、しばしば先生に質問するありさま。切り立った峡谷を思わせる曲を弾いても、秋の水のような澄み切った響きはまったくない。「烏夜啼」の曲を奏でても、冬の夜のからすの声のような悲哀の情はとても表現できない。音楽をよく知る知人はみな言う、これではむだに時間を浪費するだけ、菅原家代々の家業である学問は詩作にも役立って重要だが、それと比べれば、上達しない琴の練習など問題にもならない、と（小島・山本前掲書）。

後年に「琴を弾くことと酒を飲むことを解せず」（196）、「酒と琴と吾知らず」（477）と詠んでいるので、実際に琴を学ぶことを断念したのであろう。また、「少《わか》かりし日　秀才たりしとき、光陰常に給《つ》がず、朋《とも》との交わりに言笑を絶つ、妻子も親しび習うことを廃《や》めたりき」（292）と、秀才、すなわち文章得業生時代には時間が足りないからと友人や妻子との交わりを絶ったともいう。この詩からは既に妻を迎え、子を儲けていたことも知られる。「家集を献じる状」でも、当時のことを「帷《とばり》を垂れ戸を閉ざし、経典を渉猟す。風月花鳥有りといえども、蓋《けだ》し詩を言うの日尠なし」と述べている。

貞観十二年三月二十三日、方略試を受験。出題と講評に当たる問頭博士《もんとう》は少内記《しょうないき》都良香《みやこのよしか》（言道）。良香は是善が文章博士時代の文章生・得業生であったから、かつての師の子息の試験官を務めたことになる。論題（策問）は「氏族を明らかにす」と「地震を弁ず」。道真の回答（対策）は『文草』巻八（566・567）に、策問と良香の講評（策判）はその詩文集『都氏文集《としぶんしゅう》』巻五に収められて、ともに今に伝わる。良香の策判の結論は「令条に准ずるに文理ほぼ通ず、よって中上」であった。及第を祝う詩が寄せられたのに応えて詠んだ詩の中で、道真は自らの対策について諸儒の批判が多かったことから、「一枝《いっし》の蠹桂《とけい》　家君に謝す」（50）、自らを虫食いで損なわれた桂の枝のように評価が低いと卑下し、そのような結果となったことを父是善に詫びている。ただし、中上は是善と同じである。

官人としての歩み

道真はその年のうちに正六位上に叙され、翌貞観十三年（八七一）正月玄蕃助《げんばのすけ》、三月に少内記に任じた。内記は詔勅の起草に当たるが、『文草』巻八には貞観十三年から十五年の四点の詔勅（568～571）を収める。また、貞観十三年には時の太政大臣《だいじょうだいじん》藤原良房が年官随身を辞退することを申し出た表文《ひょうぶん》（611～613）を代作している。奏状や表の代作は文章生時代から見られるが、道真の文才が既に広く認められていたことの証といえよう。

貞観十四年正月には、前年十二月に来日した渤海使《ぼっかいし》一行を迎えるための存問《ぞんもん》渤海客使に任じられたが、翌月、母の喪により任を解かれた。五月に渤海使が入京すると、渤海王が天皇に宛てた啓《けい》に答える「渤海王に答うる勅書」(569)などを作成している。

貞観十六年には三〇歳で従五位下に叙され、兵部少輔《ひょうぶしょうゆう》に任じられたが、まもなく民部《みんぶ》少輔に遷る。民部省は、令制では戸籍・計帳や田図《でんず》を管理して国家の人民・土地支配を担い、被管の主計寮《しゅけいりょう》・主税《しゅぜい》寮《りょう》を通じて中央・地方の財政とその根幹をなす租税を管掌する官司であった。この頃には、後述するように既に戸籍や計帳の作成、班田収授などを令の規定通りに行うことは難しくなっており、財政や租税のあり方も変化しつつあったが、道真が「聞くならく　劇官は戸部郎《こぶろう》と、人臣何ぞ簡《えら》ばん職の閑と忙とを」(69)と詠むように、民部少輔は多忙を極める官と認識されていた。この詩では、臣下たる者、職の閑忙をえり好みすべきではないと官人としての心構えを述べるとともに、「案牘《あんとく》初めて慙《は》づ　政理に従うことを、風雲暫く謝せん　文章を属することを」と詠んで、行政文書の処理に不慣れなことを恥じ、しばらくは詩作を遠ざけてでも政務に専念しようとの意を表している。後年の詩では少輔時代の勤務について、「暁《あかつき》に出で　昏《ゆうべ》に逮《およ》びて入る」(292)と回顧してもいる。

次の詩は、雪の朝、民部省での朝礼に向かう様子を詠む。

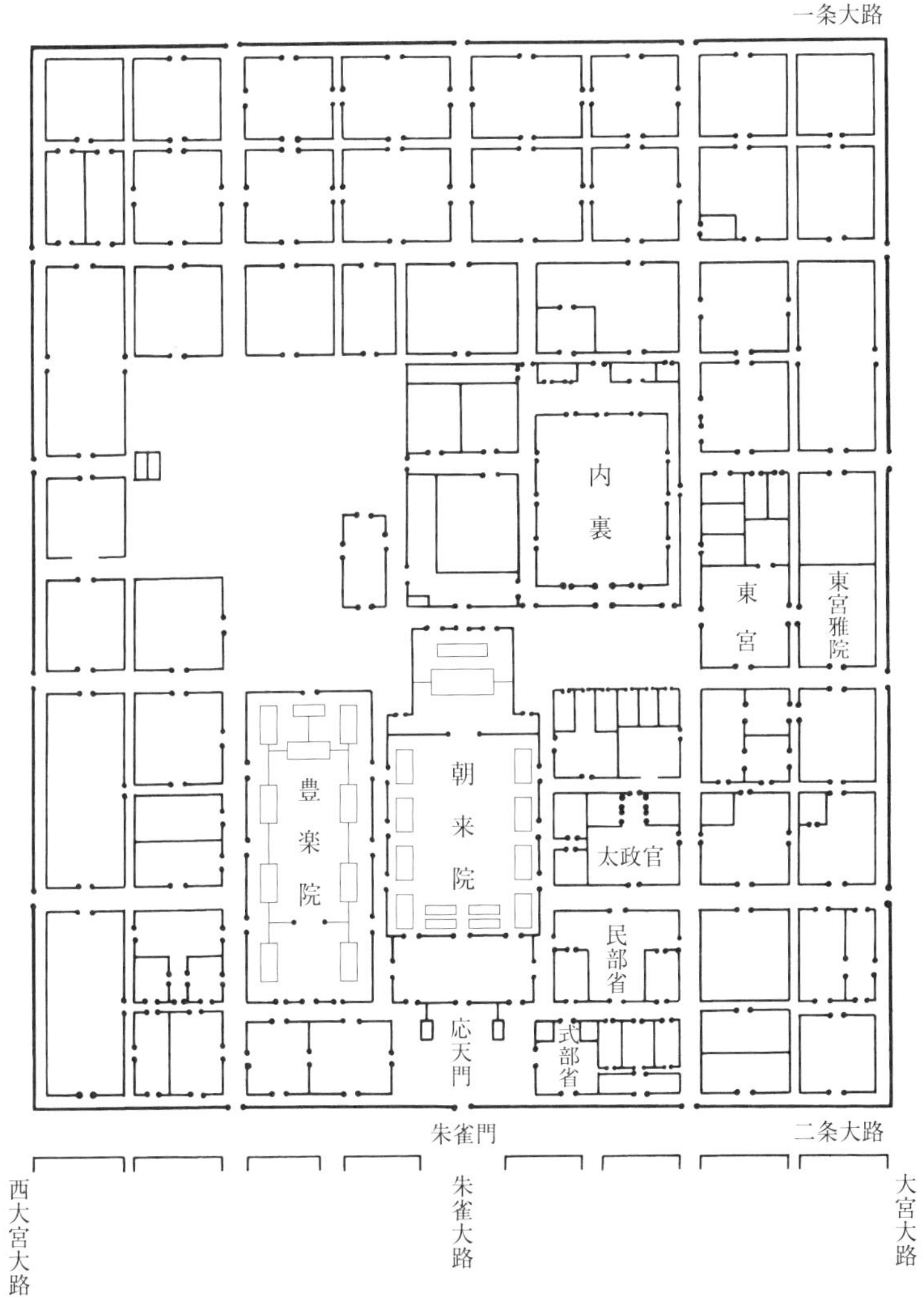
一条大路
内裏
東宮
東宮雅院
豊楽院
朝来院
太政官
民部省
式部省
応天門
朱雀門
二条大路
西大宮大路
朱雀大路
大宮大路

6──大内裏図

雪中早衙　(73)

風送宮鐘曉漏聞　　風は宮鐘を送りて　暁漏《ぎょうろう》聞こゆ
催行路上雪紛紛　　行を催す路上に　雪紛紛
稱身着(著)得裘三尺　　身に称《かな》いて着ること得たり　裘《かわごろも》三尺
宜口溫來酒二分　　口に宜《かな》いて温め来る　酒二分
怪問寒童懷軟絮　　怪しびて問う　寒童の軟絮《なんじょ》を懐《いだ》くかと
驚看疲馬蹈浮雲　　驚きて看る　疲馬の浮雲を踏むかと
衙頭未有須臾息　　衙頭《がとう》　未だ須臾《しばら》くも息《いこ》うこと有らず
呵手千廻著案文　　呵手千廻　案文《あんぶん》を著す

風につれて聞こえてくる宮中の鐘の音は明けがたの水時計（漏刻）の時刻を告げ、出勤をせきたてる道路の上には、雪が乱れ飛ぶ。自分の身のたけにピッタリとふさわしく着用したのは三尺の毛皮のころも。口にほどよくなじんで体を暖めてくれるのはほんの少しばかりの酒。寒そうにしている童子を見ては柳のやわらかい白い綿の花を身に抱いているのではないかと怪しんで尋ねてみたくなる。雪の路に疲れた馬を見ては、空に浮かんだ白い雲を踏んでいるのでは無かろうかとハッと驚いて見る。役所に着けばしばらくの休息もなく、こごえた手を何度も吐く息で暖めながら、公文書の草案を記すのだ（小島・山本前掲書）。

文章博士となる

三年間民部少輔を務めた後、貞観十九年正月に式部少輔に遷り、同年十月文章博士を兼ねた。菅原氏としては祖父・父に続く任官であり、三代続いて儒家の頂点に立つこととなった。それは家君是善の期待に応え、父祖の業を継ぐことができた証であった。同僚の文章博士は、元慶三年（八七九）二月まではかつて道真の対策試験官を務めた都良香、元慶八年からは橘広相であった（滝川幸司「道真の同僚」〈『奈良大学紀要』三五、二〇〇七年〉）。

講書之後、戯寄諸進士（82）

我是煢々鄭益恩　　我はこれ煢々《けいけい》たる鄭益恩《じょうえきおん》
曾經折桂不窺園　　曾《むかし》経桂を折りて園を窺わず
文章暗被家風誘　　文章は暗《ほのか》に家風に誘われ
吏部偸因祖業存　　吏部《りほう》は偸《ひそか》に祖業存するに因る
勸道諸生空赧面　　道を勧《すす》めては　諸生空しく面を赧《あから》め
従公万死欲銷魂　　公に従いては　万死魂を銷《け》さんと欲す
小兒年四初知讀　　小児は年四　初めて読むことを知る
恐有疇官累末孫　　恐るらくは　疇官《ちゅうかん》の末孫に累《かさな》ること有らんことを

私は一人子で鄭益恩と同じ身の上。かつて及第して、（鄭益恩の父鄭玄《じょうげん》が子に訓戒したように）

勉学にいそしんだ。文章博士になることができたのは気づかないうちに家風に誘われたからであり、式部少輔に任じられたのは祖父や父が同じ官にあって励んだ祖業の恩恵を目に見えない形でこうむったおかげである。（鄭玄が益恩に訓戒したように）君子の道を求めるよう勧めれば、講書を受けた学生たちは（自らの勉強不足を恥じて）顔を赤らめる。（益恩がそうしたように）君主の命に従って生命さえ投げ出す覚悟をもとうではないか。我が子（高視《たかみ》）は四歳で初めて書を読むようになったばかり。（祖業の任の重いことを思えば、それらの）官職を子孫が受け継ぐこと（の重責）を恐れずにはいられない（山本登朗「菅原道真と鄭玄―「講書之後、戯に諸進士に寄す」の作をめぐって―」〈和漢比較文学会編『菅原道真論集』二〇〇三年〉により意訳）。

この詩の第四連の後には「文章博士は材に非ざれば居らず。吏部侍郎《しろう》は能有らばこれ任ず。余が祖父より降りて余が身に及ぶまで三代相承け、両官失うことなし。故に謝詞有り」との註が付されている。道真が文章博士と式部少輔の両官に祖父・父と同様に任官できたことを誇りとし、それが子孫にも受け継がれていくことを期待していることが知られる。

しかし、文章博士任官は道真にとって苦渋の日々の始まりともなった。

博士難（87）

吾家非左將　儒學代歸耕
皇考位三品　慈父職公卿
已知稽古力　當施子孫榮
我擧秀才日　箕裘欲勤成
我爲博士歳　堂構幸經營
万人皆競賀　慈父獨相驚
相驚何以故　曰悲汝孤惸
博士官非賤　博士祿非輕
吾先經此職　愼之畏人情
始自聞慈誨　履氷不安行
四年有朝議　令我授諸生
南面纔三日　耳聞誹謗聲
今年修擧牒　取捨甚分明
無才先捨者　讒口訴虛名
教授我無失　選擧我有平
誠哉慈父令　誡我於未萌

吾が家は左将に非ず、儒学　帰耕に代う
皇考《こうこう》　位は三品《さんぽん》、慈父　職は公卿
已に知る　稽古の力、当《まさ》に施すべし　子孫の栄え
我　秀才に挙げられし日、箕裘《ききゅう》勤めて成さんと欲す
我　博士と為りし歳、堂構　幸に経営す
万人　皆競い賀せしに、慈父　独り相驚く
相驚く　何を以ての故ぞ、曰く　汝が孤惸《こけい》なるを悲しむ
博士　官は賤しきに非ず、博士　禄は軽きに非ず
吾　先に此の職を経しに、慎みて　人の情を畏れたりと
始めて　慈みの誨《おし》えを聞きしより、氷を履みて　安らかに行かず
四年　朝議あり、我をして　諸生に授けしむ
南面して　纔《わずか》に三日、耳に　誹謗の声を聞く
今年　挙牒《きょちょう》を修せしに、取捨　甚だ分明なり
才無く　先に捨てられし者、讒口《ざんこう》　虚名を訴う
教授　我れ失なし、選挙　我れ平有り
誠なる哉《かな》　慈父の令《おし》え、我を未だ萌《きざ》さざるに誡《いまし》む

わたしの家は武官の家ではなく、儒学を業としている。祖父は三位に昇り、父は公卿となった。学問の努力の結果がどんなものか、わたしはすでに知っている。努力すれば、子孫にも繁栄をもたらすはずなのだ。私は文章得業生となった時、父祖以来の家業である学問を努力して成し遂げようと思った。文章博士となった時、父祖以来の家業の基礎を、わたしは幸いにも築くことができた。文章博士になったことを、多くの人が競うように祝福してくれたが、父だけはあわておそれている様子だった。父があわておそれているのは、いったいなぜなのか。父が言うことには、「わたしはお前が頼る相手もない孤独な存在になることを悲しんでいるのだ。文章博士はけっして卑賤な官職ではなく、報酬も少なくない（だからこそ人はお前をねたみ、そねむだろう）。私は以前この職を経験したが、その時は身をつつしんで人のおもわくをおそれはばかっていたのだ」と。父の慈愛に満ちた教えをはじめて聞いて以来、いつも戦々兢々、心休まることはなかった。元慶四年（八八〇）に朝議によって、わたしが大学寮学生に授業をすることが決まったが、授業を始めてわずか三日目、はたしてわたしを非難する声が聞こえてきた。わたしは今年、文章得業生の推薦状を書いたが、その選抜規準は明白で、あやふやなところはなかった。それなのに、才能がないので選に漏れた者が、私を名前だけで見識がないと悪口を言ったのである。わたしの教え方に誤りはなく、推挙の選考は公平だった。それでもこんな非難が起こるとは、父の教えはまことに正しく、事が起こらないうちに私を戒めてくれたのだった（小島・山本前掲書に拠りつつ、一部改めた)。

道真の苦衷は続いた。「博士難」を詠じたのと同じ元慶六年(八八二)夏の末、「藤納言」(大納言藤原冬緒《ふゆお》とされる)を誹謗する匿名の詩があり、それがすぐれたものであったことから、藤納言から「当時の博士」、すなわち道真のものではないかと疑いをかけられたのである。このできごとに際して詠んだ「思う所有り」(98)では、ありもしないことで名を疵つけられることを憂い、名神・霊祇によって無実が晴らされるよう訴えている。

翌元慶七年には、前年来日した渤海使裴頲《はいてい》の接待役を務めた。漢詩文の贈答を必須とするこの役には、代表的な文人が充てられた。『文草』の詩からは、『日本三代実録』には現れない道真らと裴頲との交歓の様子を知ることができる。巻七に収める「鴻臚贈答詩序」(555)には、「高才にして風儀有り」といわれた大使裴頲が詩を前もって用意しておくのを避けるため、直接対面してその場で草案もなく詠むこととしたこと、裴頲が鴻臚《こうろ》館《かん》に入った翌四月二十九日から帰途につく前日の五月十一日まで、打ち解けて酒杯を交わしながら、島田忠臣ら渤海使の接待役に任じられていた菅家門人五人が五九首を詠んだこと、それらの詩を一軸に編んだことが記されている(「鴻臚贈答詩序」はその詩集の序)。

裴大使は道真の詩に白居易の風があると評価したというが、しかし、道真はこの序の末尾に「殊に恐るらくは他人此の勒に預からざる者、見て笑い、聞きて嘲らん。嗟乎、文人相軽んず。證を来哲に待たんのみ」との懸念を記している。それは現実のものとなったことが「詩情怨」（118）という詩から知られる。「去歳　世は驚く　詩を作ることの功なるを、今年　人は謗る　詩を作ることの拙きことを（去年、世間は藤納言を誹謗した詩がよくできていると驚き〈それゆえに道真の手になるのであろうといい〉、今年、人は裴大使を接待して詠んだ詩が拙劣だとけなす）」。これに対して道真は反論する。「名を顕したるは賤しく　名を匿したるは貴きにあらず、先の作は優れ　後の作は劣れるに非ず（名を顕した〈裴大使を接待して詠んだ〉詩が不出来で、名を匿した〈藤納言を誹謗する〉詩がよくできているわけではない。去年の詩がすぐれていて、今年の詩が拙劣なわけではない）」。「我を悪むに偏に儒翰なりと謂う、去歳　世の驚きしこと　自然に絶ゆ、我を呵して終に実の落書となす、今年　人の謗るは真説ならじ（私を悪む人はもっぱら私を儒者で詩人だという。去年、世間が驚いた藤納言を誹謗した詩がすぐれているという話も、いつか消えてしまった。あの時は私を真犯人だとしたが、〈その話が消えてしまったように〉今年、人が私の詩を謗るのも本当のことではないということになろう）」。

うち続く誹謗中傷についての慨嘆を詩に託し、道真は同門の菅野惟肖《すがののこれすえ》に吐露しているが、その一編（120）に付した註では「余悪名を聞きてより、出俗を意《おも》うことあり」と出家まで考えたという。文章博士となって儒家の頂点に立った道真が対峙しなければならなかったのは、「鴻臚贈答詩序」に「文人相軽んず」と記されていた「詩人無用」論であった。

詩人無用論が最初に見られるのは、道真の父是善の門人であり、若い道真の詩の指導に当たり、岳父となった島田忠臣の貞観八年（八六六）の作とされる詩である。

「詩人無用」論

詩中に「儒家は問噵《い》う　詩は無用なりと」とあり、そこに「近来盛んに詩人無用と噵う」との註が付されているのである。詩人無用論は「儒家」から「詩人」に向けて発せられたものであった。この対立的に描かれた儒家・詩人をいかなるものととらえるか、両者の対立を当時の貴族社会の動向や文学の変容との関連でどう理解すべきかについては、歴史研究・文学研究がともに関心を寄せ、論じてきたところであった。

それとかかわって、道真が「博士難」や「有所思」などと同じ頃に詠んだ「詩を吟ずることを勧めて、紀秀才に寄す」（94）という詩の題に付された註も注目されてきた。それによれば、「元慶以来、有識の士、或いは公に或いは私に争いて論議を好む。義を立てて堅ならざれば癡鈍という。その外は只酔舞狂歌し、罵辱凌轢《ばじょくりょうれき》するのみ」、すなわち、儒家同士が好んでいたずらに意味のない議論をたたかわせているというのである。同様のことは、遡って、父是善とともに文章博士を務めた春澄善縄の薨伝に見られる。「昔者《むかし》文章博士たりし時、諸博士毎各《おのおの》名家なり。更《こもごも》以て相軽んじ、短長口に在り。また弟子も門を異にして、互いに分争すること有りき。善縄門徒を謝遣して、恬退自ずから守り、終に謗議及ぶ所となさざりき」（『日本三代実録』貞観十二年二月十九日条）。儒者同士が互いに軽んじあい、弟子も鬩に分かれて争う中、善縄は弟子をとらず、人と争わないようにして批判を避けたという。

これらから、儒者間に学閥対立とでもいうべきものがあり、詩人無用論はその中で「儒家」から「詩人」に向けて発せられたものであること。その場合の「儒家」は「実務家的儒家派」、「本才的学問を基礎とする実務型文人官僚」、「学問を基礎としつつ実務に精通した文人官僚」とされ、一方の「詩人」は、たとえば是善薨伝に「常に風月を賞で、詩を吟ずるを楽しぶ」とされるような存在であること。そして、摂関政治成立過程における文人抑圧策、その行き着いたところに道真の左遷があったのであり、「それは儒門の反目分争を利用しようとする摂関制と、その権威を背後に得んとする儒家とが結んで叫ぶ詩人無用論のみごとな達成であった」と解されてきた。もちろん、従来の研究においても、単純に儒家と詩人を対立的にとらえていたわけではない。「詩人と儒家は同一人の両面であることがしばしばであるが、常にそうであるとは限らない」、「儒家がすなわち詩人では必ずしもない」ところに、儒家から詩人無用論が唱えられる理由が求められてきた（後藤昭雄「「文人相軽」」〈同『平安朝漢文学論考　補訂版』初出一九七三年〉）。

そもそも、道真自身、菅原氏が儒学の家であることを認めていたことは、先に見た「博士難」の冒頭や、「祖業は儒林　聳《そび》えたり」（484）、「臣が家　儒林文苑たること尚し」（674）などの語句に示されている。『文草』の献上を受けた醍醐天皇は「門風は古よりこれ儒林」と詠んでいるし、道真から『後集』を託された紀長谷雄は、「菅師匠は祖業の後を承け、儒林の宗たり。経籍を心と為し、王何を逸契に得、風雲思いに入り、張左を神交に叶う」（『本朝文粋《ほんちょうもんずい》』巻第九）と道真を讃えてもいる。「儒林の宗」は祖父清公についていわれた「儒林の領袖」にも通じ、長谷雄は、それが菅原氏の「祖業」であるとしている。この長谷雄の認識が誤っていないこと、そして、古人以来道真に至るまで、いずれも学問を基礎とした官人として歩んできたことは、これまで述べてきたところから明らかである。さらに、清公が令義解、是善が貞観格式の編纂に携わっていることは、彼らが実務に精通していることの一端を示していようし、若き日の道真も官人として精励していた。

一方、清公・是善に家集や詩文に関する著作があることは彼らが詩人であったことを示している。が、是善薨伝には、「春澄善縄・大江音人は在朝の通儒なり。並びに文章をもって相許す」とある。是善の同時代人であった大江音人は、学儒・詩人としての是善と対照的に理解されてきたが、彼にも詩文集『江音人集一巻』があった。まさに「詩人と儒家は同一人の両面」なのである。

にもかかわらず、詩人無用論が提起されたのはなぜなのか。詩人無用論が最初に確認される島田忠臣の詩は貞観八年のものとされるが、この頃道真は文章生であり、当時の詩人無用論の直接の矛先が道真に向けられていたとは考えられない。その対象は、当時文章博士であった父是善であったと考えられる。是善は、「天性事少なく、世体忘るるがごとし。常に風月を賞で、詩を吟ずるを楽しぶ」人であった。是善が詩を重んじ、楽しんだことは、文章道の指導者としてふさわしい姿勢であったであろう。ただし、それは個人の嗜好《しこう》などではなく、並びいる儒家のなかで自らの存在を主張するために是善が、さらに遡れば清公が主体的に選びとったものだったと解すべきであろうし、それゆえに自らの後継者となるべき道真に受け継がせようとしたのであった。

ところで、本来文章道に求められたのは官人として必要な文筆力の養成であった。その範囲においては儒家も詩そのもの、従って詩人の存在そのものを否定することはなかったはずである。同時に、文章道出身者は中央官司の官人や諸国の国司に任じられており、国司として「良吏」と評された者も少なくなかった。彼らには実務に精通することが求められたのである。しかし、そのような文章道の指導者として、是善があまりに詩を重んじ、詩人を標榜したことこそが、では、是善が重んじる詩と詩人が政事にどれほどの意味を持つのかという批判を招いてしまったのではないか、それが詩人無用論であった（滝川幸司「菅原道真における〈祖業〉」〈『古代中世文学研究論集』第二集、一九九九年〉・「菅原道真の位置―儒家から見た詩人無用論―」〈『国語と国文学』一〇五六、二〇一一年〉）。

加えて、儒者としての菅原氏の立場も看過できないであろう。道真の祖父清公は天長二年（八二五）八月から承和九年（八四二）十月まで一七年文章博士を務めた。三年おいて承和十二年には父是善が文章博士となり、貞観九年まで二十二年、しかも、そのうちの十六年は定員二名の文章博士を一人で務めた。つまり、天長二年から貞観九年までの四二年のうち、わずか三年を除いて文章博士は菅原氏によって占められていたのである。詩人無用論は、菅原氏による文章博士独占状態への批判という一面も持ち合わせたのではないだろうか。是善の「天性事少なく、世体忘るるがごとし」という身の処し方も、あるいはそうした批判をかわすためであったと考えることもできよう。

さらに、文章博士を長きにわたって務めた菅原氏が多くの門弟を擁したことは、是善薨伝に「上卿良吏、儒士詞人、多く是門弟子なり」とあることや、道真左遷後のことになるが、「其の門人弟子、諸司に半ばせり」（三善清行《みよしのきよゆき》「奉左丞相書」〈『本朝文粋』巻第七〉）といわれていることから知られる。道真が、史記に見える孔子の弟子についての表現に拠って、「三千の門下」、「吾党」「三千」、「三千門下の客」などと詠んでいるのも、門弟の多いことを自認していたことを示しており、菅家門下こそが当時最大の学閥であったのである（秋山前掲「菅原道真の詩人形成」）。詩人無用論は、最大の学閥に属しえない人々からの菅家門下への批判でもあった。詩人無用論の初出である島田忠臣の詩が「春日仮景に同門の友人を訪う」と題し、是善門下の会合の中で詠まれていることは、忠臣が詩人無用論を菅家の同門に向けられたものと受けとめていたことを物語っていようし、道真が「世俗の猜《そね》み」（119―(2)）と表現し、「博士難」で「才無く　先に捨てられし者、讒口　虚名を訴う」と詠んだのは、こうした詩人無用論の一面を言い当てていよう。

このように見てくると、かつて貞観期に詩人無用論の直接の対象とされた是善にとっては、菅原氏から三人目の文章博士となった道真に対し、厳しい目が向けられるであろうことは十分すぎるほどわかっていたのであろう。「博士難」に記された是善の危惧《きぐ》はそれを物語っていようし、やがて、それが現実のものとなって元慶期の詩人無用論として道真に向けられたことも、「博士難」に詠まれたとおりであった。

「博士難」で道真への批判が起こったとする元慶四年（八八〇）、道真は父を失った。名実ともに菅原氏を背負って一人立つことになった道真は、こうした状況にどう対処しようとしたのであろうか。

「王沢」を歌わん

これまでの文学研究では、詩人無用論に向き合うことが道真に「詩人」としての自覚を強めていったとされてきたが、その場合も、「彼にあって儒学と詩作とは、全く別々に分業されるのではなく、高次に統一されてあらねばならなかったのである。そして、そのような詩人の理想が、詩を言わぬ、あるいは詩人を無用とさえする通儒達と対峙してさらに一層強められたのであった」と解されてきた（藤原克己「詩人鴻儒菅原道真」〈同『菅原道真と平安朝漢文学』初出一九八三年〉）。さらに近年、詩人無用論の直後から道真の詩に見えるようになる「詩臣」という語に注目した新たな見解が示されている。詩臣という語そのものが中国での用例が見いだされず、道真の造語の可能性があるのだが、道真はそれを宮廷詩宴における献詩者の意味で用いており、この「詩臣」こそ、道真が詩人無用論に対して示した自らの立ち位置であったというのである。詩人無用論が政事において詩が、詩人がどれほどの意味を持つのかと問うたのであれば、それに応えるためには政事において詩と詩人が必要とされる場面を示さなければ有効ではない。それが宮廷詩宴での献詩であった（滝川幸司「詩臣としての菅原道真」〈『詞林』二二、一九九七年〉・「菅原道真の「言志」」〈『菅原道真論集』〉）。宮廷詩宴とは、年中行事障子にも記載された「公事」としての内宴や重陽宴を中心とするものをいう（滝川幸司『天皇と文壇　平安前

7―― 年中行事障子

期の公的文学』〈第二編、二〇〇七年〉。詩宴での道真の詠詩については、波戸岡旭『宮廷詩人菅原道真『菅家文草』・『菅家後集』の世界』〈第一編、二〇〇五年〉)。召集される献詩者は、「儒士并びに文章得業生、蔵人所《くろうどどころ》に候う文章生、諸司に在る旧文章生、才学傑出せる者一両。但し、内記例に依りて之に預かる」(『北山抄』巻第三内宴事所引清涼抄)とされた。そこでの詩は、「王沢(天子の徳沢)」を讃えるものとして不可欠であった。讃岐守の任を終えて都に戻った道真が、直後の三月三日曲水《きょくすい》の宴《えん》において、「四時《しいじ》王沢《おうたく》を歌うを廃《や》めず、長く詩臣の外臣と作《な》るを断たん(四季折々の季節に王沢を歌うことをやめないでいたい、そのために「詩臣」であるこの私を「外臣」〈国司〉に任じ〈て都から遠ざけ〉ないでほしい)」(324)と詠んだのは、自らのそうしたあり方を訴えたものであった。

同時に、自らを詩臣とする主張が可能であったのは、累代の儒家として確固たる地位を築きえた道真なればこそであった。宮廷詩宴は年に数回しか開かれない。詩臣はそこでしか政事における有効性を発揮しえないとすれば、多くの文章道出身者にとって有効なのは、やはり諸司・諸国における実務官人として職責を果たし、位官を上げていくことであった。その意味では、「「詩臣」を強く標榜する道真は、極めて異質であった」のである（滝川前掲「菅原道真の位置」・「島田忠臣の位置」〈『中古文学』八九、二〇一二年〉）。

以上の「詩臣」についての論を筆者なりに敷衍《ふえん》すれば、道真は祖業を継承し、儒者として、あるいは儒者であるがゆえに、何人の追随も許さない優れた詩によって王沢を歌いあげることで直接には天皇に、抽象的には国家に奉仕することを、宮廷社会における自らの存在の証としようとしたと考えることができる。道真が『白氏文集』の摂取において際だっており、しかも白居易の表現の模倣にとどまらない独自の表現を創出することによって新たな詩境を開いていったことは、文学研究においてすでに十分に指摘されていることであるが、それは以上のような自己規定の実現の一環であり、ひいては詩をもってする天皇・国家への奉仕のための研鑽であったと理解できよう。

Ⅱ

吏と為り儒と為りて国家に報じん

讃岐守時代

8―発掘された讃岐国衙

道真の詩「客舎冬夜」に「開法寺は府衙の西に在り」とあることから，開法寺池東で国衙遺構の発掘調査が続けられてきた．2012 年 11 月からの調査により，道真赴任時を含む時期の国衙中枢部の建物跡群や区画施設の塀跡などが検出された．

1　讃州刺史

讃岐守任官

仁和《にんな》二年（八八六）正月十六日の除目《じもく》で、道真は式部少輔《しきぶしょうゆう》・文章博士《もんじょうはかせ》の任を解かれて讃岐守に任じられ、任国に赴くこととなった。大学寮北堂での餞別《せんべつ》の宴《えん》で詠んだ詩がある。

北堂餞宴（187）

我将南海飽風煙　　我将《まさ》に南海に風煙に飽かんとす
更妬他人道左遷　　更に妬《そね》む　他人の左遷なりと道《い》うことを
倩憶分憂非祖業　　倩《つらつら》憶《おも》うに分憂は祖業に非ず
徘徊孔聖廟門前　　徘徊す　孔聖廟門の前

「分憂」すなわち国司の職は祖業ではないと述べていることから、道真がこの任官を不本意なものと受けとめていたことがうかがわれるが、その根底には、「新たに業を変ずることを嫌うに非ず、最も旧功を成せしことを惜しむ、…仮令《たとい》儒の吏と為らば、天下雷同を笑わん（新しい職務に就くことが嫌なのではないが、これまで努力してきたことが惜しまれるのだ、…儒者が国司となれば、人は〈儒者に徹することなく〉いいなりに〈国司と〉なったことをあざ笑うであろう）」（236―（2））といった思いがあったのであろう（滝川前掲「詩臣としての菅原道真」）。また、『文草』巻三・四に収める讃岐守時代の詩には頻《しき》りに都を思い、遠く讃岐にいることをかこつものが多い。残してきた家族や邸宅のことも気がかりであったし（213・226・260・261・302・305・308）、門弟のことも心配であった。菅家廊下《かんけろうか》は今や道真という指導者あってのものであったから、道真が京を離れることはその維持の上では大きな問題であった。讃岐へ赴任する途中において、すでに門生が道真の離京を嘆いているとの報が届いていたし（189）、讃岐へ到着した最初の詩も門生の対策などの受験を気遣ったものである（190）。門生文室時実《ふんやのときざね》の文章得業生試の結果を問い（244）、及第を喜んでいるし（245）、彼が讃岐まで会いに来たときの詩も残る（264・265・268）。こうした師弟の厚情が続く一方、「三千の門下　独り留守すらくのみ」（245）と詠んでいるところからすれば、離れる者もあったのであろう。プロローグで触れたように、書斎は雨漏りして典籍が損なわれたりもした。そして、四年の任期を終えて都へ戻った直後には、「四時王沢を歌うを廃めず、長く詩臣の外臣と作るを断たん」と詠んだのである。こうした道真の心情をふまえ、讃岐守任官は「左遷」と理解されてきた。

　しかし、延喜式の諸規定をふまえれば讃岐国は大国並みに扱われていること、貞観年間の讃岐守任官者はのちに公卿となり、位階も二位・三位にまで昇っていることなどから、讃岐守任官を直ちに左遷とみなすのは無理があるとの指摘がある〈竹中康彦「讃岐守菅原道真に関する一考察」〈大阪大学文学部日本史研究室編『古代中世の社会と国家』一九九八年〉〉。

また、文学研究からも新たな見解が示されている。道真は分憂は祖業にあらずというが、前章で見たように曾祖父古人は遠江介、祖父清公は尾張介・播磨守となって赴任している。国司としての赴任経験がないのは父是善のみである。にもかかわらず、道真が国司は祖業ではないとするのは、父祖のうちでもとくに父是善を範としたことにもよるが、詩人無用論に対して道真が詩臣としてこれに対峙しようとしたことにこそ、その理由が求められるべきであるという。詩臣であるためには宮廷詩宴に侍することが欠かせない。道真にとって讃岐守任官が喜ぶべきこととされなかったのは、それによって詩臣としての奉仕が不可能になるからであった〈滝川前掲「詩臣としての菅原道真」〉。讃岐守時代の道真の詩には、宮中での内宴《ないえん》や重陽宴《ちようようのえん》などの開催に合わせ、それに思いを馳せて詠んだものがあるが、そこには本来なら詩臣として詩宴《しえん》に連なって詩を詠じているべきなのにそれが果たせないことへのいいようのない思いがにじみ出ているように思われる。「家集を献じる状」で「讃州客意…客意は以て微臣の道を失うことを述べたり」としているのは、詩臣として天皇に、国家に奉仕する道を失ったことを意味していよう。

ところで、道真は讃岐への赴任の準備をしている間に内宴に侍することをとくに許されたが、そこ

表1——9世紀の讃岐守

官人名	補・見任年紀	官　位	兼　官　名	極位極官
大庭王	797(延暦16)・2・15	従五下	左大舎人頭	
藤原継彦	805(延暦24)・10・4	従五下	左中弁	従三位非参議
春原五百枝	807(大同2)・8・26	従四下		正三位参議
多入鹿	810(弘仁1)・9・10	従四下		
春原五百枝	810(弘仁1)・9・18	従四上		
藤原友人	811(弘仁2)・5・14	従五下		
清原夏野	816(弘仁7)・1・10	従五上	春宮亮	従二位右大臣
滋野貞主	841(承和8)・1・7	従四上	弾正大弼・大蔵卿	正四位下参議
正躬王	845(承和12)・1・11	従四上	参議・左大弁	正四位下参議
藤原長良	846(承和13)・9・13	従四上	参議・左兵衛督	従二位権中納言
長田王	849(嘉祥2)・11・2	従四下		
源冷	850(嘉祥3)・1・15	従四上		正四位下参議
伴善男	854(斉衡1)・1・16	正四下	参議・中宮大夫・式部大輔	正三位大納言
藤原良縄	858(天安2)・1・16	従四下	右大弁・左近衛中将・勘解由長官	正四位下参議
紀夏井	858(天安2)・11・25	従五上		
藤原良縄	864(貞観6)・1・16	正四下	参議・右衛門督	
藤原常行	868(貞観10)・1・16	従三位	参議・右近衛大将	正三位大納言
春澄善縄	870(貞観12)・1・25	正四下	参議・式部大輔	従三位参議
藤原良世	872(貞観14)・2・15	正四下	参議・皇太后宮大夫	従二位左大臣
藤原家宗	873(貞観15)・2・20	従四上	参議・右大弁	従三位参議
源冷	877(元慶1)・1・15	正四下	宮内卿	正四位下参議
源舒	881(元慶5)・2・15	正四下	参議・左近衛中将	正四位下参議
菅原道真	886(仁和2)・1・16	従五上		従二位右大臣
安倍清行	894(寛平6)・1・15	正五上		
藤原枝良	899(昌泰2)・1・11	従五上		

竹中康彦「讃岐守菅原道真に関する一考察」(大阪大学文学部日本史研究室『古代中世の社会と国家』より一部改変).

で当時太政大臣であった藤原基経《もとつね》が道真の前に立ち、白居易《はくきょい》の詩の一節「明朝の風景何人にか属さん」を吟じて讃岐守として新たに多忙な日が始まることをねぎらい、道真にも吟詠するよう勧めた。道真はその命に応えようとしたが、「心神迷乱して、纔かに一声を発するのみ、涙流して嗚咽」したという（184）。また、基経は日を改めて、自邸において道真の餞宴を催してもいる。

基経と道真の関係をどうとらえるかは、本書の主題に関わることでもあるが、近年の文学研究の成果によれば、基経を摂関権力確立の推進者、道真をそれに追いやられていく文人の象徴的存在ととらえる見方は再考されなければならないようである。基経はしばしば自邸で詩会を開いていたが、それは自らに奉仕する官人たちを参集させる政治的な場を作ることを企図してのことであり、出席していた道真や岳父島田忠臣《しまだのただおみ》、詩友紀長谷雄《きのはせお》らは基経の庇護を求めて参集した。そこで詠まれた道真の詩は、詩会の主催者である基経を讃美するものであり、詩会に参加できたことを名誉に思っていることが看取されるという。また、道真が詩人無用論に囲まれていた元慶七年（八八三）頃と思われる詩（101）で、自らを鷗《かもめ》になぞらえ、その心を基経が理解してくれているであろうとの思いを詠んでいることから、道真は苦境にあって基経に庇護を求めていたとされる（滝川幸司「藤原基経と詩人たち」〈『語文』八四・八五、二〇〇六年〉）。とすれば、道真の讃岐守任官を基経による左遷とみなすことは当たらないであろう。憶測をたくましくすれば、むしろ道真の文章博士・式部少輔の任を解き、都から離れさせることで、詩人無用論による批判にこれ以上さらされることを避けさせようとしたと考えることもできよう。もとより、それは道真にとっては詩臣としての道を失うがゆえに耐え難いことではあったのだが。なお、道真が去った後に文章博士として残った橘広相《たちばなのひろみ》、道真の後任として文章博士に任じられた菅野惟肖《すがののこれすえ》はいずれも菅家門下であったから、道真の讃岐守任官が菅家門下の力を削ぐことを意図したとの理解も妥当性を欠くといわざるをえないであろう。

讃州刺史は本より詩人

次のような詩を読むと、春を送るにつけ、秋を迎えるにつけ、讃岐守在任中の道真の心は憂愁に閉ざされていたように思われる。

中途送春（188）

春送客行客送春　　春は客行を送り　客は春を送る
傷懐四十二年人　　傷懐す　四十二年の人
思家涙落書齋舊　　家を思いては涙は落つ　書斎旧《ふ》りて
在路愁生野草新　　路に在りては愁《うれ》いは生《あ》る　野草新にして
花爲隨時餘色盡　　花は時に随わんが為に　余色尽き
鳥如知意晩啼頻　　鳥は意《こころ》を知るが如く　晩啼頻《しき》る
風光今日東歸去　　風光　今日　東に帰り去《い》ぬ
一兩心情且附陳　　一両の心情　且つ附陳せん

春は私の旅を見送り、旅人の私は逝く春を見送る。あれこれと心はいたむよ、四二歳の私は。都のわが家のことを思うと涙がこぼれる、ことにあの書斎も古びてしまって。旅の途中では旅愁が起こってくる、野辺の春草は新しく萌えていて。春の花は時節の移行に従おうとするために、残りの褪せた色も今や尽き、春の鳥は旅人の私の心を知っているかのように、夕方頻りに鳴く。風も光も、春の尽きる今日、東の方へ去ってしまう。愁いに満ちた私の思いの若干を、東へと去りゆく春に託して、いささか都の人に伝えたい（小島・山本前掲書。次の詩も同じ）。

早秋夜詠　(192)

初涼計會客愁添
不覺衣衿毎夜霑
五十年前心未嬾
二千石外口猶拑
家書久絶吟詩咽
世路多疑託夢占
莫道此間無得意
清風朗月入蘆簾

初涼計会して　客愁添う
覚えず　衣衿《いきん》の毎夜に霑《うる》うことを
五十年前　心嬾《ものう》からず
二千石外　口猶し拑《かん》す
家書《かしょ》久しく絶えて　詩を吟じて咽《むせ》ぶ
世路《せいろ》多く疑いて　夢に託して占う
道《い》うこと莫かれ　此間に意を得ること無しと
清風朗月　蘆簾《ろれん》に入る

秋の初めの涼しさがおとずれると、まるではかったように旅の愁いが増す。気づかないうちに、夜ごとに衣の襟が露と涙で濡れるのだ。五〇歳になっていない私は、まだまだものうくてやる気のない気持ちにはなっておらず、さまざまなことに意欲がある。けれども、国司の私はその職務以外のことについては口をつぐんでいるばかり。家からの便りはながらく途絶え、私は詩を口ずさんではただただむせび泣く。世間を渡っていく方途には疑わしいことが多く、いっそ夢に任せて占おうと思う。ただし、ここで、私の心にかなうものが何もないなどといってはいけない。清らかな風とほがらかな月が、葦で編んだひなびたすだれをすかして入ってくるのだから。

さらに、「人散じて閑居すれば　悲しみ触れ易く、夜深けて独吟すれば　涙勝え難し」(219)、「人の意を得て倶に言咲《げんしょう》することも無く、恨殺す　茫茫として一水深きことを」(224)、「我が情の多少《そこばく》を誰と語らん、況んや　風雲を換えて感に堪えざるをや」(251) などの句からは、家族や詩友と遠く離れ、思いを分かちあうことのできる者が身近にいないことが道真の孤独感を深めていたことがうかがえる。また、讃岐に赴いた年の秋に詠んだ「始めて二毛（二本の白髪）を見る」(194) 以後、白髪に寄せて老いを詠むようになり、讃岐守の任果てる年には「白毛歎」(301) と題した詩すら詠んでいる。「口に任す謳吟《おうぎん》　罷《や》むること能わず」(219)、「讃州刺史《しし》は　本より詩人なりと」(243)、「心　詩を吟ずることに在れば　政《まつりごと》は専らならず」(274) などと詠んでいることからは、道真は国司として国務に従うことよりも、詩人として詩を詠むことに重きを置いていたと解されてきた。道真の意識においては、国司であることはその任期中のみのことであるのに対し、詩を詠むことは自己の存在に関わる、より根源的なことと認識されていたであろう。しかし、そのことと道真の国司としてのあり方とは区別して考える必要がある。

実は、道真の岳父島田忠臣が美濃介《みののすけ》として赴任した際にも、同様の思いを詠んでいることが知られる。「我は鶯花に負《そむ》きて　数秋を度《わた》る、…甘棠樹下　風流少なからん（私は都のはなやかさに背を向け、任地の美濃に赴いて数年ばかり寂しく過ごすことになる。…任地美濃の官衙では、職務に忙殺されるばかりで、風流を楽しむ機会などほとんど無いだろう）」、「農桑を勧課するは　我が力にあらず、只州境を化して　詩を吟ぜしむるのみなるべし（農桑を勧課することはわたしの力に余り、とてもこなせそうにない。わたしにできるのはただ、この国のすみずみまで感化して、人々に詩を作ることを普及させることだけだろう）」、「厭倦す　衙門の苦（役所の政務の苦しさに、わたしはうんざりして嫌気がさしている）」、「関東に吏となりて　顓愚《せんぐ》を愧《は》ず（美濃国司となって、わたしは自分の愚かさを恥じるばかり）」、「彫虫《ちょうちゅう》して　曾て未だ烹鮮《ほうせん》を学ばず（詩文をみがくことに努めてきて、統治の細かい施策については十分に学んでいない）」、「昏村偏に賀す　秋収の稔りを、家業還て愁う　学耨の荒ることを、外吏は三余にも　暇日なし、且《しばら》くは衙より退きて詞章を閲せん（暗くなった村では秋の取り入れをにぎやかに祝っている。ところが、自分は家業である学問がすたれていくことを心配している。国司には冬・夜・陰雨の三余の暇はあるが、休日はないほどの忙しさ。ともかくも、まずはこの時刻、役所が退けたからには詩文に目を通そう)」(いずれも小島憲之監修『田氏家集　巻之中』一九九二年)。こうした思いは詩をこととする人々に共通のものであったようである(後藤昭雄「嶋田忠臣論断章」〈同『平安朝文人志』初出一九八五年〉)。とはいえ、「詩人無用論」の節で触れたように、多くの文章道出身官人は中央・地方の官職に精励したのであり、忠臣の詩からも、彼が美濃介の職務を決して疎かにしているわけではないことがうかがえよう。

では、道真の讃岐守としての勤務ぶりはどうだったのであろうか。以下では、讃岐守時代の詩によって、国司としての道真の姿を追っていこう。

国務への精励

讃岐に赴任した直後の四月七日、「海内長無事」と「城中大有年(国内の豊穣)」の祈願のため、国府近傍の池の蓮を国内二八ヵ寺に分与し(262)、夏には金光明寺《こんこうみょうじ》での仁王般若経会《にんのうはんにゃきょうえ》の功徳《くどく》により雨が降ったことを喜んでいる(191)。重陽の日には国衙《こくが》でささやかな酒席を設けたが、「盃を停《とどめ》ては且《しばら》く論ず輸租の法、筆を走らせては唯だ書す弁訴の文」(197)といった状態となった。

そして、冬には「寒草十首」(200〜209)を詠んでいる。

何人寒氣早　寒早走還人　　何れの人にか寒気は早き、寒は早し　走還の人に
案戸無新口　尋名占舊身　　戸を案ずるに新口無し、名を尋ねて旧の身を占ふ
地毛郷土瘠　天骨去來貧　　地毛　郷土瘠せたり、天骨　去来貧し

不以慈悲繫　浮逃定可頻　　慈悲を以て繫がざれば、浮逃定めて頻なるべし

いかなる人に寒気は早く訪れるか。寒気は早く訪れる、浮浪《ふろう》・逃亡していて本貫《ほんかん》（戸籍登録地）に戻ってきた者に。（この者を編入しようとして）戸籍を調べても、（戸籍が作成されなくなって）近年の戸口が登録されていないので、名前を尋ねてもとはどの戸の人だったのかを考えるほかない。ここの土地は瘠《や》せて作物に乏しく、人々の骨格も貧相である。慈悲をもってつなぎとめなければ、浮浪逃亡は頻りに起きることだろう（藤原前掲『菅原道真』。現代語訳は一部改めた）。

以下、「何人寒気早　寒早○○人」で始め、「人・身・貧・頻」で押韻し、浪来人（浮浪逃亡して本貫から逃れてきた人）、老鰥《ろうかん》人（六一歳以上で妻のいない者）、夙孤人（一六歳以下で父のいない者）、薬圃《やくほ》人（徭役《ようえき》として薬園で働かされている者）、駅亭人、雇われ水主《かこ》、漁師、塩売り、樵《きこり》を詠んでいる。

引用した走還人を詠んだ詩からは、すでに戸籍が用をなさなくなっていたことや、そのもとでの走還人への対応、浮浪逃亡発生の要因などについて、道真が一定の認識を有していたことがうかがわれる。道真はかつて、土地・人民支配と租税を管掌する民部少輔を三年間務めていた。それは中央政府の側から国司の行政を監督する立場であったが、その時に得た国務に関する知識がこの詩には反映されていよう。従って、道真が赴任から半年ほどで讃岐の国情をどれだけ正確に認識していたかを、この詩によって判断することには慎重であるべきであろうが、一〇首もの連作をなしていることからは、

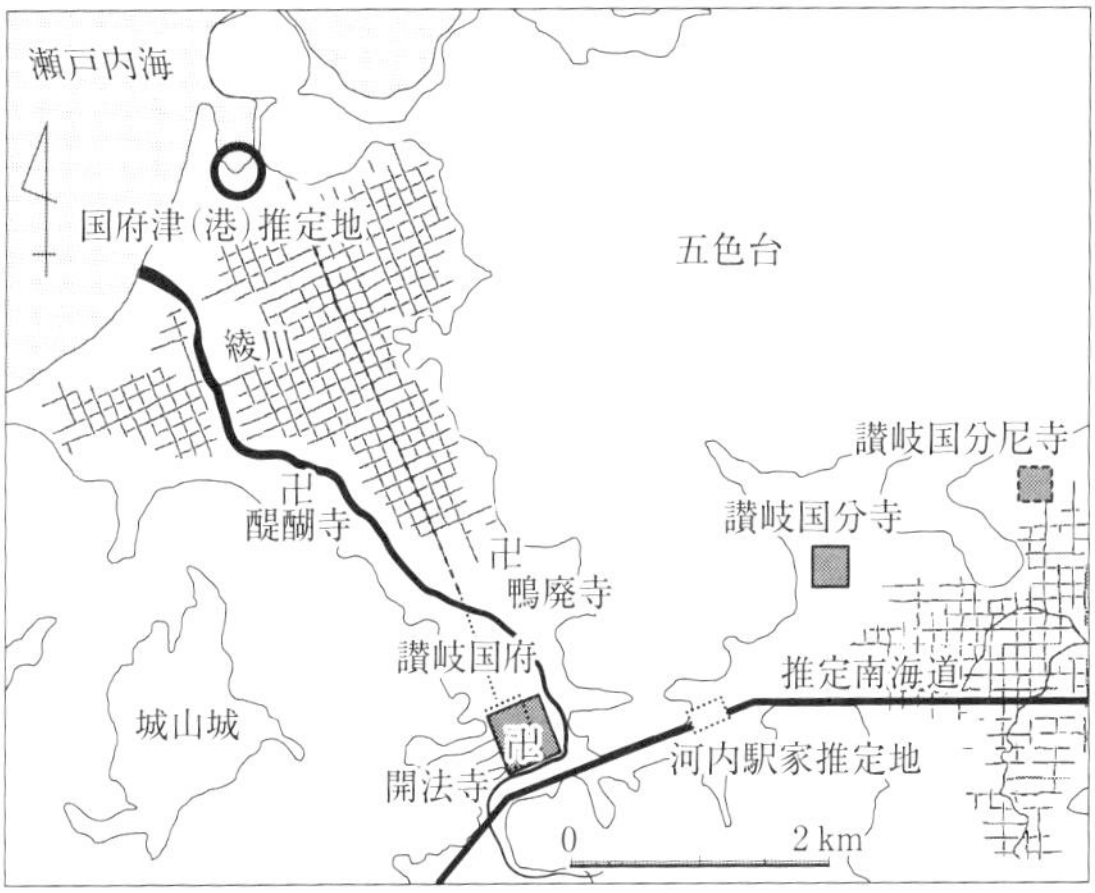

9―讃岐国衙近傍図

国務に臨む姿勢をうかがい知ることができる。そこで取り上げているのも、走還人・浪来人という律令支配の根幹に関わるものに始まり、社会的弱者というべき老幼者、徭役労働を課された者、農業生産以外の生業に従事する者と、支配の対象への目配りが行き届いている。

二年目には、春の一日、国衙近傍の山を訪ね、花鳥を楽しみ心癒されたことを詠む中で、「案牘《あんとく》に縈《まつ》わられんことを嫌いて還るに先だちて嬾し（際限なくまとわりついてくるような公文書に煩わされることが嫌で、還るに際してものうくなってしまう〈藤原前掲『菅原道真』〉）」(218)と詠んでおり、日々国務に追われていた様子がうかがわれる。

同年には、「行春詞」(219)四〇句、「路に白頭翁に遇う」(221)五二句という長編詩で、ともに国務に関わる内容を詠んでいるのが注目される。「行春詞」では国司として国内を巡察する際に対応すべきさまざまな事項を詠みあげ、「冥感　終に白鹿《はくろく》に馴《な》るること無く、外聞　幸いに蒼鷹《そうよう》と喚《よ》ばるることを免る、応《まさ》に政拙きに縁《よ》りて　声名の堕つるべし、豈《あ》に敢えて功成り　善最に至らんや〈国務に精励す

10——讃岐国衙遺構

る様子に〉天が感じて、白鹿が馴れてつき従うという善政による宰相栄転の瑞兆が現れたのではないが、幸いにも蒼鷹〈酷吏のたとえ〉とはいわれていない。国司としての政が十分ではないので、どうして勤務評定の善・最〈評価項目〉について、よい評価が得られようか）」と自信のなさをのぞかせる。しかし、その末尾では、「州に到りて半秋　清と慎とを兼ぬ」と述べ、善の一つ「清慎顕著」に該当すると主張してもいる。「路に白頭翁に遇う」は、道で会った白髪の老人から、過去の讃岐国司の国務の様子を聞き、彼らと照らし合わせて自らの国司としてのあり方を詠うという構成。内容については次節で触れよう。この二つの長編の間に置かれた詩からは、国学の孔子廟で孔子を祀る釈奠《せきてん》を行っていたことが知られる（220）。

六月二日、政府は一九ヵ国からの貢絹の麁悪《そあく》が特に甚だしいとして、勅して国司を譴責したが、その中に讃岐も含まれていた（『日本三代実録』）。

その年の秋、道真は一時帰京しているが、その際、一官人が書を呈し、讃岐国の人々が道真は戻ってこないのではないかと疑っていると訴えてきたという（234）。果たして讃岐国のどれだけの人々が国司としての道真を慕っていたのかは定かではないが、道真がこの官人に薬を分け与えていたり（227）、この詩の直前に「衙後《がご》　諸僚友を勧めて、共に南山に遊ぶ」（232）という詩があることなどからは、下僚との間にある程度の関係が築かれつつあったことをうかがわせる。

都で越年した道真が再び讃岐へ赴いたのは、梅が咲き、柳が芽吹く頃であった。讃岐守の任三年目の春の終わりには、「好去《さき》くあれ鶯《うぐいす》と花と　今より已後、冷《すさま》じき心にて　一向《ひたすら》に農蚕《のうさん》を勧めん」（251）と詠んでいる。

しかし、この年は旱害に襲われた。五月六日には城山神《きやまのかみ》に祭文を捧げて雨を祈っているが（525）、その功もなかったようで、任初に国内の諸寺へ分与した蓮も枯れてしまうほどであった。「雨ふらざるは　政の良からざるに縁《よ》るべし」（255）、「慙《は》づべし　政の理《ことわり》　毎《つね》に愆《あやま》ち多きことを」（262）、「南郡の旱災に与《あづか》る所無し」（263）と嘆じている。

冬を迎える頃には、「官考三年黜《しりぞ》けらるを愁えず」（272）、「官《つかさ》に居て且《かつ》がつ遣《や》る　秩三年」（274）と国司任期の三年目が終わろうとしていることを詠んでいるが、そこには任期が一年を残すばかりになったとの思いが込められていよう。降雪に際しての「城中一夜　尺に盈《み》つるなるべし、祝着す　明年旱《ひでり》と飢えとを免れんことを」(276)、雪に寄せて贈られた詩に答えた詩での「明年の秋　稼《たなつもの》は雲と平らかならん」(277)の句からは、今年のような旱害に見舞われないことを祈る国司としての思いを読み取ることができる。十二月には仏名懺悔会《ぶつみようさんげえ》を催しているが、これは、詩中に「承和の聖主　勅初めて下したまいぬ」と詠むように、仁明《にんみよう》天皇の承和十三年十月二十七日、内裏で行われていた法会を諸国でも修するよう太政官符で命じられたものである。詩中に「年終三日　心馬を繋ぐ」とあるのは、官符にいう十二月十五日から十七日の三日間の勤修《ごんしゆ》を意味し、「帰依す　一万三千仏」は官符中の「万三千之宝号」を、「会の前後は屠割《とかつ》を禁ず」は同じく「斎会之間殺生禁断」とあるのを受けたものである(279)。

年が明けると、いよいよ国司任期の最後の年を迎えた。宮中内宴での賦詩に寄せて詠んだ詩(285)で、賢人登用への期待や宮廷復帰への願望をにじませるのは、国司任期の終わりが見えてきたことと無関係ではないであろう。

春夏の交には文章得業生時代から今日までを三二句の「日の長きを苦しむ」(292)という詩に詠んでいる。讃岐守任官以後を詠んだ後半は以下のようである。

忽忝専城任　空爲中路泣　　忽《たちま》ちに専城《せんじよう》の任を忝くして、空しくために中路に泣く

吾黨別三千　吾齡近五十
政嚴人不到　衙掩吏無集
茅屋獨眠居　蕪庭閑嘯立
眠疲也嘯倦　歎息而鳴慨
爲客四年來　在官一秩及
此時最攸患　烏兎駐如縶
日長或日短　身騰或身縶
自然一生事　用意不相襲

吾が党　三千に別る、吾が齢《よわい》　五十に近し
政厳《いつく》しくして人到らず、衙《が》掩《おお》いて吏《り》の集《いた》るなし
茅《かや》の屋に独り眠り居り、蕪《あ》れたる庭に閑《しづか》に嘯《うそぶ》きて立つ
眠るにも疲れ　また嘯くにも倦《う》み、歎息して　鳴き慨《うれた》ん
客となりてより四年このかた、官《つかさ》に在ること一秩に及ばん
此の時最も患《うれ》うるところは、烏《う》兎《と》の駐《とどま》りて縶《つな》るがごときこと
日長く　或は日短き、身騰《あが》り　或は身縶《つな》がる
自然なり一生の事、意を用ちて相襲わず

ここでも国司となることで儒家・詩臣としての務めを中途でなげうたざるをえなかったことや孤独を嘆じているが、国務には厳正に対応してきたとの自負ものぞかせている。

四月二十七日には寛平への改元が行われた。改元を告げる詔書を読んで「寛平両字　幾千年」(294)と言祝いでいるが、この寛平年間に身の上に起きる大きな変化など思うべくもなかったであろう。

この年は「雨を喜ぶ」(295)で「陰霖《いんりん》六月　未だ前に聞かず」と詠むように雨に恵まれたようで、「遠く望めば苗は緑を抽《ぬきい》で、遙かに思えば粟は紅を衍《の》ぶ」(296)と穀物の順調な成長を詠んでもいる。

が、そうした喜ぶべき光景を見ながらも、「此の時　何の悶《もだ》ゆる事ぞ、官満つれども　未だ功を成さざることを」と、国司としての治績《ちせき》を気にせずにはおれない気持ちを吐露している。秋に残菊に寄せて詠んだ詩の「明年は後人に分附して看しめん」(305)との句(「分附」は後任国司との事務引き継ぎ)や、冬に詠んだ詩中の「官満ちて帰らん時　自ずからに春に遇《あ》わん」(317)などは、国司交替を意識したものである。

こうして四年間の任期を終えると、道真は後任国司との事務引き継ぎを完了しないまま、京へ帰った。そのため、公宴での献詩候補者を載せる式部省文人簿に登録されなかったが、宇多天皇の勅によってとくに三月三日曲水の宴に召された。道真はそこで「四時王沢を歌うを廃めず」と詠み、再び詩臣として立つ決意を新たにしたのである。ただし、本来、分附や中央官司での監査を終えるまでは国司としての責任からは解放されず、表だって知己《ちき》に会うことも憚られたので、そのことを伝える詩(327)をものしてもいる。

以上、煩雑を省みず、讃岐守時代の詩によって、国司としての道真の四年間を追ってきた。ここからは二つのことが指摘できよう。

一つは、本項の初めに述べたように、讃岐守時代の道真が一貫して「客意」を抱いていたことは確かであるが、しかし、だからといって国司としての職務を疎かにしていたのではなかったということである。道真は讃岐守赴任に際しての藤原基経邸餞宴で、「吏と為り儒と為《な》りて国家に報じん」(186)

と詠んだ。それは、詩臣としての道を失った失意の中で、そう詠うことで自らを奮い立たせようとしたものではあったろう。が、それだけにとどまらないものがあったのではないか。儒者であれ詩臣であれ、その活動の場を与えるのは天皇であり国家であった。臣たる者、与えられたのが吏、すなわち国司であれば、そこで職責を果たさなければならないのは当然のことと道真は意識していたであろう。道真の国司としてのあり方は、そのような思いに支えられていたのである。国司としての治績を気にかける句が現れるのも、道真としては国務に精励したとの自負があったためである。のちの蔵人頭時代の詩で「我れ試《もち》いられて吏となりて讃州に去りにき、且つ行きて且つ泣けり　沙浪《さろう》の春、一秩四年忠節を尽せり」(357)と詠んだり、大宰府《だざいふ》左遷後の詩で、「南海には百城を専にせり…州功は吏部銓《さと》りぬ（南海道《なんかいどう》讃岐国で国司を務めた…国司としての業績は〈文官人事を管理する〉式部省がよく知っている）」(484)と詠んでいるのは、そのことを物語っている。しかも、人民の実態の一端と、それに向き合う地方行政の実態に触れたことは、のちに道真が中央での官途を進め、地方支配に関わる政策の立案に携わるようになった時活かされることになる。その意味では、当初から「良吏政治を継承する有能な実務官僚から公卿として廟堂に列なり政権を支える役割を期待され」ていたとまでいえるかどうかは措《お》くとしても、結果として讃岐守任官が「良吏としての経験を豊富にし、政治家としての深みを与えるという積極的な意義を持つもの」（春名宏昭「菅原道真の任讃岐守」〈『菅原道真論集』〉）となったことは認められよう。

いま一つは、讃岐守時代の詩作の意義についてである。讃岐守時代の道真には詩人意識の高まりが見られるとされ、それは祖業にあらざる国司の任を厭《いと》う気持ちの、いわば裏返しとされてきた。確かに、「詩人」という表現を用いたのは、詩臣たらんとしてそれを果たすことのできない境遇に置かれたためであろう。しかし、国司の任期はやがて終わる。そうすれば都へ戻り、再び詩臣として立つことを道真が心に期していたであろうことは想像に難くない。とすれば、いま詩臣としての道を失った日々を余儀なくされていても、詩作について研鑽を積むことを怠ってはならない。讃岐守時代の詩作を支えたのは、むしろそうした意識だったのではないだろうか。道真が律令語を詩に用いたこと、しかも、それが讃岐守時代に集中していることが指摘されているが〈後藤昭雄「菅原道真の詩と律令語」〈『中古文学』二七、一九八一年〉・「菅原道真の詩と律令語　続稿」〈『静岡大学教育学部研究報告　人文・社会科学篇』三三、一九八三年〉・「平安朝詩と律令語」〈川口久雄編『古典の変容と新生』一九八四年〉〉、それは国司としての職務を通じて道真にとって日常のものとなった律令語を詩に活かそうとする積極的な試みであり、讃岐守時代の道真にとっては白居易の詩語の摂取や、それに想を得て新たな表現を模索するのと同じ意味を持っていたと考えることができよう。

さらに、宮廷詩宴での詠詩が王沢を歌うという明確な、従って固定した目的をもつものであったのに対し、いわばそれから解き放たれたことで詠詩の対象は広がり、自身の心の深奥を見つめ、それを詠う機会を得たのであり、そのことが詩にいっそう磨きをかけることになったのである。

以上のように考えることが許されるならば、讃岐守時代は道真の主観においては詩臣としての道を失った時代ではあったが、国司としての職責を果たしつつ、再び詩臣として立つまでの雌伏の期間であったと解することができよう。

2　国司制度の変容

讃岐国支配の変遷

讃岐守の任二年目の仁和三年、道真は「路に白頭翁に遇う」という詩で、道で出会った九八歳の老人の口を借りて、讃岐国の支配の変遷を詠んでいる。

貞観末年元慶始　政無慈愛法多偏
雖有旱災不言上　雖有疫死不哀憐
四万餘戸生荊棘　十有一縣無爨煙
適逢明府安爲氏　奔波晝夜巡郷里
遠感名聲走者還　周施賑恤疲者起

貞観の末年　元慶の始め、政に慈愛無く法に偏り多し
旱災ありとも言上せず、疫死ありとも哀憐せず
四万余戸　荊棘《けいきょく》生ず、十有一県　爨煙《さんえん》なし
たまたま明府に逢いにたり　安を氏となせり、昼夜に奔波して郷里を巡る
遠く名声に感《おご》きて走《は》せし者も還れり、周く賑恤を施して疲れし者も起《た》ちぬ

吏民相對下尊上　老弱相携母知子
更得使君保在名　臥聽如流境内清

吏民相対して下は上を尊ぶ、老弱相携へて母は子を知りぬ
更に使君　保の名在るひとを得たり、臥しながら聴くこと
流るるが如く　境内清《す》みぬ

これによれば、貞観（八五九〜八七六）末年から元慶（八七七〜八八四）の初め、讃岐国では国司の苛政によって人民は疲弊した。その後、安倍興行《あべのおきゆき》が赴任し、昼夜を問わず国内を巡検したところ、その善政を聞きつけて浮浪逃亡していた者も帰り、賑恤を施したことにより人民は立ち直ることができた。続いて藤原保則《やすのり》が赴任すると、彼は横になりながら政務を執っても裁決は水が流れるように滞ることなく、国内は治まった、という。道真は引用部分に続けて、興行や保則のまねはできないが自分なりに国務に励み、その合間を見て詩を詠もうと述べてこの詩を結んでいる。

ここには、貞観末年から元慶始めに苛政を行った国司と、その後に善政を行った「良吏」という、二つの国司像が描かれている。安倍興行は道真の父是善門下で、文章得業生から対策及第し、讃岐介・伊勢権守《いせのごんのかみ》・上野介《こうずけのすけ》を経て文章博士となり、さらに大宰大弐《だざいのだいに》を務めた。道真との交流も深く、道真は「路に白頭翁に遇う」で「我が兄の義あり」と詠んでおり、岳父島田忠臣に次ぐ詩の贈答がある（滝川幸司「安倍興行考」〈『奈良大学紀要』三六、二〇〇八年〉）。藤原保則は備中・備前・出羽・播磨・讃岐・伊予の国司を経て大宰大弐となり、さらに参議にまで昇った。保則は仁和三年二月に伊予守に

任じられているから、一時期道真と保則は隣国にあったことになる。興行・保則のような良吏は九世紀の地方政治・地方支配を象徴する存在とされる。では、良吏とはいかなる存在だったのか。また、九世紀にそれが称揚されたのはなぜだったのだろうか。

富豪の輩の台頭

律令国家は、その支配下にある人民を戸籍に登録することで一人ひとり把握し（個別人身支配）、戸籍登録地（本貫）で口分田《くぶんでん》を班給することで、そこに人々を縛りつけて支配しようとした。浮浪逃亡は、この律令国家の人民支配を根本から危うくするから禁じられたのである。口分田は男二段、女はその三分の二と班給面積が決まっており、それに依拠する限り建前として人々は同じ規模の生活を営むことになる。それを前提に均一な租税が課された。租税の中では成年男子を主対象とする人頭税の調庸《ちょうよう》が都へ運ばれ中央政府の財源に充てられたから、調庸を負担する課丁数の把握のために毎年計帳が作成された。戸籍作成も班田収授も奈良時代には原則として六年に一度、全国一斉に行われてきた。

ところが、九世紀に入ると様相が一変する。戸籍は九世紀の第1四半期以降は全国一斉に作られることはなくなり、作られた戸籍も課丁ではない高齢者や女性が不自然なまでに多い、現実とは乖離《かいり》したものになってしまう。班田収授も延暦十九年（八〇〇）が全国一斉実施の最後となり、九世紀後半には半世紀もの間行われていない国や地域もあった。調庸を負担すべき課丁数も、九世紀後半には八世紀末の三分の一以下に減少したとの推算もある（吉川真司「九世紀の調庸制―課丁数の変化と偏差―」

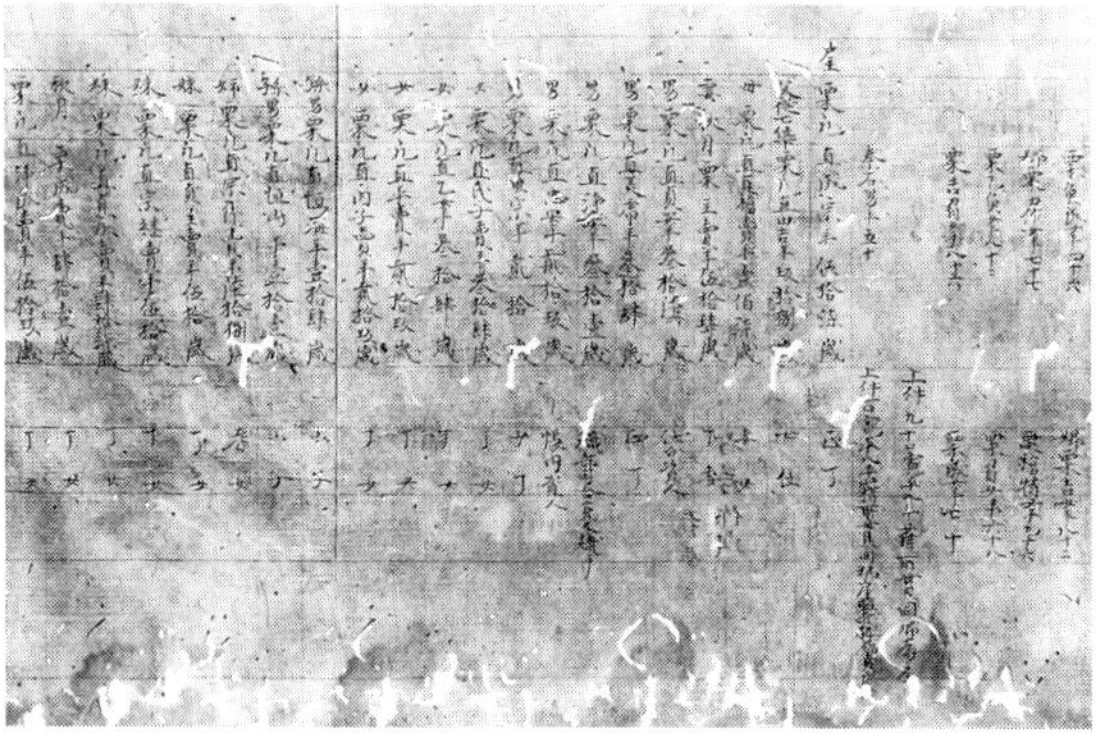

11――延喜２年（902）阿波国戸籍

〈角田文衛監修・古代学協会編『仁明朝史の研究』二〇一一年〉）。それは調庸の納入量減少、未納累積に直結し、納められても違期《いご》（期限を超過しての納入）や麁悪（品質悪化）が常態化した。

一方、農村では農料貸付や租税代納の代償に周辺農民の口分田や墾田《こんでん》を集積し、彼らを隷属させて農業経営を拡大していく「富豪の輩《ともがら》」が台頭してくる。すると、政府は富豪の輩からの租税収奪を図るようになる。取れるところから取ろうというわけである。これが軌道に乗れば、富豪の輩を確実に把握すればよく、徴税の観点からは戸籍・計帳による全人民の把握は必ずしも必要ではなくなる。先に触れた九世紀後半の減少した課丁数は、国司が把握した富豪の輩の数として理解できるという。また、富豪の輩の経営基盤である土地からの租税収奪を確実にするため、人頭税から土地税に重点が移されていった。班田収授は実施されなくなっても、本来はその準備作業であった校《こう》田《でん》（田地の所在・面積・保有者の調査）が行われた記録があるのは、富豪の輩の経営実態の把握に努めていたと理解することができる。しかも、そうして把握した富豪の輩の経営に依拠して課税しようとすれば、彼らの土地集積による経営拡大に介入することになりかねない班田収授は、あえてそれを行わなければならない必然性は見いだせなくなる。戸籍・計帳の作成や班田収授が次第に行われなくなったのは、それに依拠しない支配のあり方が模索されるようになったからであった。もちろんそれは、初めから合目的的に、あるいは体系的に取り組まれたというよりは、富豪の輩の台頭という現実に対応するために試行錯誤的に行われていったのである。

良吏の登場

富豪の輩の台頭を基底とする社会の変容への政策的対応を担ったのは国司であった。天長元年（八二四）、右大臣藤原冬嗣《ふゆつぐ》は次のように建言して認められた。

今諸国牧宰《ぼくさい》或いは治化《ちか》を崇修して之に風声を樹てんとするに、則わち法律に拘《とら》われ馳騖《ちぶ》することを得ず。郡国の殄瘁《でんすい》職《もと》として之に由る。伏して望むらくは、妙《くわ》しく清公美才を簡《え》り、以て諸国の守介に任ぜんことを。其れ新除の守介は則わち特に引見を賜い、治方を勧喩し、因りて賞物を加え、既にして政績著しきもの有れば寵爵を加増し、公卿闕《か》くること有れば随いて即わち擢用《てきよう》せん。又、経に反し宜しきを制するも、勤めて己がためにせざれば、また寛恕に従い、文法に拘わることと無からしめん。

（今、諸国の国司は任国支配を円滑に行って名声を上げようとしているが、法律に縛られ、そうすることができないでいる。地方が衰えるのはこのためである。これに対応するため、清廉・公平で才能ある者を諸国の守・介に任じていただきたい。新しく守・介に任じられた者は、赴任に当たって天皇が引見し、支配のあり方を諭し、任が終わった時には成果に応じて恩賞を与え、とくに治績の優れた者については与える位階を加増し、公卿に欠員があれば抜擢することにしたい。法に背いた現実対応策を講じたとしても、それが個人の利益を求めてのことでなければ許し、必ずしも法に縛られなくてよいこととしたい。）

こうした政府の期待に応えるべく、地方支配においてさまざまな政策的対応を試みて成果を上げた国司が「良吏」と称揚された。「路に白頭翁に遇う」に登場した藤原保則は、国司としての治績を評価されて公卿に昇った、まさに良吏の典型であった。良吏が試行した政策が功を奏すれば、それはその国の統治策「国例」となり、さらに政府から諸国に示され推奨されていった。

ところで、律令制の国司は守《かみ》・介《すけ》・掾《じょう》・目《さかん》の四等官が権限を分担しつつ、共同で責任を負うこととされていたが、先の冬嗣建言で守・介（官長）がことさらに取り上げられていたように、九世紀を通じて、政府は官長に国務の権限と責任を集中させていくようになる。その結果、掾や目など任用は権限を失い、官長に駆使される存在になっていった。国衙財政の中心をなす正税出挙《すいこ》収納業務を例にとると、八世紀には官長と任用が共に国内諸郡を巡行してことにあたり、欠負未納は共同で補塡していたが、九世紀後半には、官長が任用に命じて郡ごとの収納に当たらせるようになった。収納業務の過程で、任用が出挙稲《すいことう》から個人的な負債の取り立て分を割き取ったり、富豪の輩から賄賂を受ける代償に収納を見逃したりするようになったため虚納欠損が問題化すると、官長はそうした任用の執務停止と彼らの給与からの欠損分補塡で対応しようとした。さらに正税出挙収納だけでなく、官長は郡司や富豪の輩を租税調庸専当や進官雑物綱丁などにして中央へ納める調庸の貢納を請け負わせ、損失分は請負者の私物で補塡させようとした。官長は国内富豪の輩からの収奪と中央への貢納の実務、欠負未納の補塡を任用や郡司、富豪の輩に転嫁しようとしたのである。一方で、政府は一国の貢納責任全体を官長に集中させていったから、官長は自らの貢納責任を果たすため、任用・郡司・富豪の輩に対し欠負未納を厳しく督促するようになった（下向井龍彦「国衙支配の再編成」〈『新編古代の日本④中国・四国』一九九二年〉）。

こうして、官長から欠負未納を追及されるという点では共通の利害に立つことになった任用・郡司・富豪の輩が、官長の苛政を政府に訴えたり、官長を襲撃、ついには殺害する事件が九世紀後半にはしばしば起きるようになる。道真が赴任した讃岐国は、「この国の庶の民は、皆法律を学びて、論を執ること各異りぬ。邑里畔を疆《かぎ》りて、動《やや》むすれば訴訟を成せり」（三善清行『藤原保則伝』）といわれ、道真の詩にも「筆を走らせては唯だ書す弁訴の文」（197）、「獄訟多しといえども　廃して聴かず」（289）とある。実際に、讃岐守弘宗王《ひろむねおう》（仁寿二年〈八五二〉二月二十八日権守任官〈『日本文徳天皇実録』〉）が百姓に訴えられ、政府から派遣された推問使《すいもんし》に対して罪を認めたため、讃岐国で禁固されている。弘宗王は天安元年（八五七）、脱禁・逃亡して都へ逃げ帰ったところを再び捕らえられ、右京職に身柄を拘束された。また、「路に白頭翁に遇う」の詩で苛政が行われたとされる元慶元年に讃岐介であった都御酉《みやこのみとり》は、のち筑後守《ちくごのかみ》となっていた元慶七年六月三日夜、群盗一〇〇人余りに国司館を襲

表2――九世紀の国司官長弾劾・襲撃事件

年次	国名	弾劾・襲撃対象	弾劾・襲撃主体	*	弾劾・襲撃理由	推問使派遣	出典
八三四(承和元)	佐渡	守嗣根	三郡百姓	訴	余利を求め、新館を造る。浜山沢の利を貪る。		政事要略
八四九(嘉祥二)	豊後	権守登美直名		訴	謀叛		続日本後紀
〃	紀伊	守伴龍男	掾林並人	訴	従僕を分遣し、衆庶を威脅す。		続日本後紀
八五三(仁寿三)	駿河	介山田春城	傍吏百姓	訴	清察を嫌う。		文徳実録
八五五(斉衡二)	日向	守嗣峯王		訴	(官物犯用など?)	○	文徳実録
八五七(天安元)	讃岐	守弘宗王	百姓ら	訴	(官物犯用など?)	○	文徳実録
〃	対馬	守立野正岑	郡司百姓	襲			文徳実録
八五九(貞観元)	越後	守伴龍男	書生物部稲吉	訴	官物犯用		三代実録
〃	豊後	守石川宗継	百姓・介	訴	百姓財物を冤奪		三代実録
八六二(貞観三)	伊勢	介以下国司・郡司ら	安濃郡百姓神人ら	訴	課丁二一八人を隠し、大帳に付さず。		三代実録
八六九(貞観一一)	隠岐	前守越智貞厚	浪人安曇福雄	訴	新羅人と同謀反逆	○	三代実録
八七〇(貞観一二)	筑後	大弐藤原元利麻呂	史生佐伯真継	訴	新羅国王と通謀、謀反		三代実録
八七一(貞観一三)	越前	守弘宗王	百姓	訴	出挙数を水増し、着服		三代実録
八八三(元慶七)	筑後	守都御酉	掾以下任用ら	襲		○	三代実録
八八四(元慶八)	石見	権守上毛野氏永	郡司百姓・介・掾	襲	政が法に乖く。	○	三代実録
八八五(仁和元)	信濃	守橘良基	辛犬甘秋子	訴	家人を殺害した犯人を釈放し、甘秋子を禁固殴傷	○	三代実録

「*印」欄の訴は訴訟または告発の略、襲は襲撃の略(下向井龍彦「国衙支配の再編成」より一部改変)。

撃され、射殺された。首謀者として筑後掾、共犯として少目を含む一〇名が処断されている。任用・郡司《ぐんじ》・富豪の輩の不満が爆発することの恐ろしさは道真も認識していたであろうから、讃岐への赴任に際しては緊張したことであろう。

讃岐国百姓から訴えられた弘宗王は讃岐国の人民からすれば酷吏であったことになる。しかし、彼は貞観四年には右大臣藤原良相《よしみ》が行った時政の是非についての上表で、「頗《すこぶ》る治名ありて多く州県を宰す。諸経国を談ずるに其の才無きに非ず」として、政見を聞くべき人物として挙げられ、同七年には越前国守《えちぜんのくにのかみ》に任じられているのである。が、その越前国の百姓からも、出挙稲額を増してその息利を私しようとしたとして訴えられた。

人民から見た酷吏が、政府からは治名を評価される。一見矛盾するかのような弘宗王のあり方の中にこそ、当時の官長の姿がよく現れているといえる。政府から期待されたのは、律令制的支配が困難になる中で、「経に反し宜しきを制」し、「文法に拘わること無」く、自らの裁量で任国からの収奪を実現し、中央への貢納物を確保することであった。弘宗王が讃岐国で訴えられた事情は明確ではないが、越前国で訴えられた出挙の増額を、収奪される側の訴え通り、その息利を私するためであったと即断することはできない。それを中央への貢納物の補塡に用いることもありえたであろうからである。

また、筑後守在任中に射殺された都御酉は遭難する三ヵ月前、筑後国ではすでに三〇年余り班田が行われておらず、租税を課された民は口分田をもたず、租税を免れた者が土地を集積している。そのために調庸を欠き、人民は減少するばかりであるとして、校田と班田を同時に行うことを申請している。これが富豪の輩の土地集積への介入などを意図したものであったとすれば、御酉殺害はそれを忌避《きひ》しようとした勢力による実力行使であった可能性も考えられる。

道真が「政に慈愛無く法に偏り多し」と詠んだ貞観末・元慶初年の讃岐国についても、それが官長の責のみに帰されるべきかどうかは考えてみるべきことがある。元慶元年二月、讃岐国の人民の徭《よう》一〇日が免除されたが、それは大極殿《だいごくでん》の石（基壇や礎石などであろう）を造る負担が大きいためとの理由からであった。大極殿は前年貞観十八年四月に焼亡し、直ちに再建に着手された。竣工は元慶三年十月。再建が進められていたのはまさに貞観の末、元慶の初めにあたる。この時期の官長の苛政が大極殿再建にかかわることだけに起因するとはいえないが、少なくともそれが一因をなしていたと考えることはできよう。ちなみに、当時文章博士として都にいた道真は、「元慶三年孟冬八日、大極殿成畢、王公会賀之詩」(84)を詠んでいる。これは『日本三代実録』同日条に「大極殿成る、右大臣宴を朝《ちょう》堂院含章堂《どういんがんしょうどう》に設く、讙落《きんらく》なり、作事に預かる四位已下雑工《ざっこう》已上及び飛驒工等に饗し、親王公卿百寮群臣ことごとく会す。大学文章生等を喚し、詩を賦さしむ、雅楽寮《ががくりょう》音楽を挙ぐ」とある記事に対応する。その中で道真は中国の故事をふまえ、「初めて成ること日ならず〈庶民の力で〉まことに短い月日のうちにできあがった)」と詠んでいるが、その陰に人民の負担と、それを大極殿造営に結実させるための官長の収奪があったことには思い至らなかったか、あるいは人民が心から再建のための労役に従ったと思っていたのであろうか。讃岐守となって過去の国務の様子を知った時にも、貞観末・元慶初めの苛政と、かつて自身が嘉《よみ》した大極殿再建は結びつくことはなかったのであろう。

九世紀の国司官長は政府による官長裁量権の拡大に促され、律令制に拠らない支配策を講じることで貢納物を確保しつつ、国内支配の安定を図るという困難な課題に対応したのであり、それを実現したものが良吏とされたのである。讃岐守時代の道真が国務に精励したことは既に見たところである。任二年目には貢絹の麁悪で譴責《けんせき》を受けたこともあったが、任用国司や郡司、富豪の輩などとの間で大きな問題を起こすことなく国司の任期を終えていることからすれば、道真もまた良吏との評価を得たとみてよいであろう。

「受領」の成立

道真の讃岐守在任三年目の仁和四年(八八八)、国司のあり方は大きく変わることになった。それは諸国からの調庸貢進について、これまでは現任国司の任期中(原則四年)の調庸完済に加え、前任国司(前司)までの未進についてもその国の未進であるということで貢納を求めていたのを改め、今後は現任国司は任期中の調庸を完済すれば、前司までの未進については弁済義務を負わせない、ただし、任期終了の時点で任期中の調庸未進があった場合には解由状《げゆじょう》を返却することとしたのである。これは、累積した前司までの未進を切り離すことで、現任国司にその任期中の調庸についての貢納を果たさせようとするものであった。国司の側からすれば、前司までの未進から解放され、自分の任期中の調庸についてのみ責任を果たせばよいことになる。こうして、国司の任国支配、その端的な表現である任国からの調庸貢進は国司個人の責任となったのである。これは代表的良吏であり、当時大宰大弐として九州諸国の国司を監督する立場にあった藤原保則の提言を受けたものであった。

そして寛平八年（八九六）、国司が任期中の調庸に加え例進雑物・納官料物・封家調庸を完済した場合に調庸惣返抄が発給されることになった。これらを完済することが国司の責任とされ、それを果たした証明として任期終了時に調庸惣返抄を得ることが国司交替の条件とされたのである。さらに寛平九年、調庸惣返抄の取得とそれを条件とする解由状の処理の責は国司官長のみを対象とすることとされた。時期を同じくして米穀の貢納についての雑米惣返抄も成立し、政府が求める貢納物の完済として表現される任国支配の責任は、国司官長一人が負うことになったのである。それは、国司官長に任国支配の権限と責任を集中させていった九世紀の国司制度の変容の到達した姿でもあった。こうして四等官が権限を分担しつつ、共同で責任を負う律令制的国司にかわり、任国支配の権限と責任を一身に負うこととなった十世紀以降の国司（守または介）を「受領《ずりよう》」という（北条秀樹「文書行政より見たる国司受領化―調庸輸納をめぐって―」〈同『日本古代国家の地方支配』初出一九七五年〉。佐藤信「雑米未進にみる律令財政の変質」〈同『日本古代の宮都と木簡』初出一九八一年〉）。

III

藤氏の勲功 勒みて金石に在り

摂関政治の成立

12― 京都御所紫宸殿

紫宸殿は母屋が東西9間，南北3間，四方に庇があり，その外側に簀子敷がめぐる．内裏正殿として政務や儀礼・宴の場として用いられた．現在の京都御所紫宸殿は，安政2年（1855）に平安時代の古制に復して造営された．

1　摂政制の成立

皇位継承と摂関政治

前章までは菅原道真《すがわらのみちざね》の足跡を追ってきたが、本章では、本書の一方の主役である摂関政治について、その成立過程を見ていこう。

奈良時代の皇位継承と平安時代のそれとに顕著な違いがあることは、周知のところであろう。奈良時代には女帝が相次いだのに対し、平安時代になると女帝は見られなくなり、かわって幼帝がしばしば現れるようになる。幼帝即位に際して摂政が必要とされたのであるから、摂関政治の成立は皇位継承のあり方と深く関わっていたことになる。そこで、奈良時代からの皇位継承のあり方をたどりながら、それとの関連において、まず摂政制の成立過程を追ってみよう。

奈良時代の皇位継承

六八六年、天武《てんむ》天皇が没した。その後継者には草壁皇子《くさかべのおうじ》が予定されていたが、翌年には草壁も没してしまう。草壁には男子軽《かる》皇子があったが、当時は成人でなければ即位できなかったため、軽の成長を待つべく、天武の皇后で草壁の母、軽の祖母が即位した。持統《じとう》天皇である。六九七年、持統は成人した軽に譲位し、文武《もんむ》天皇が即位した。文武は藤原不比等《ふじわらのふひと》の娘宮子との間に首《おびと》皇子を儲けるが、その成人を待たずに慶雲四年（七〇七）に没した。再び残さ

13——皇位継承と関係系図Ⅰ

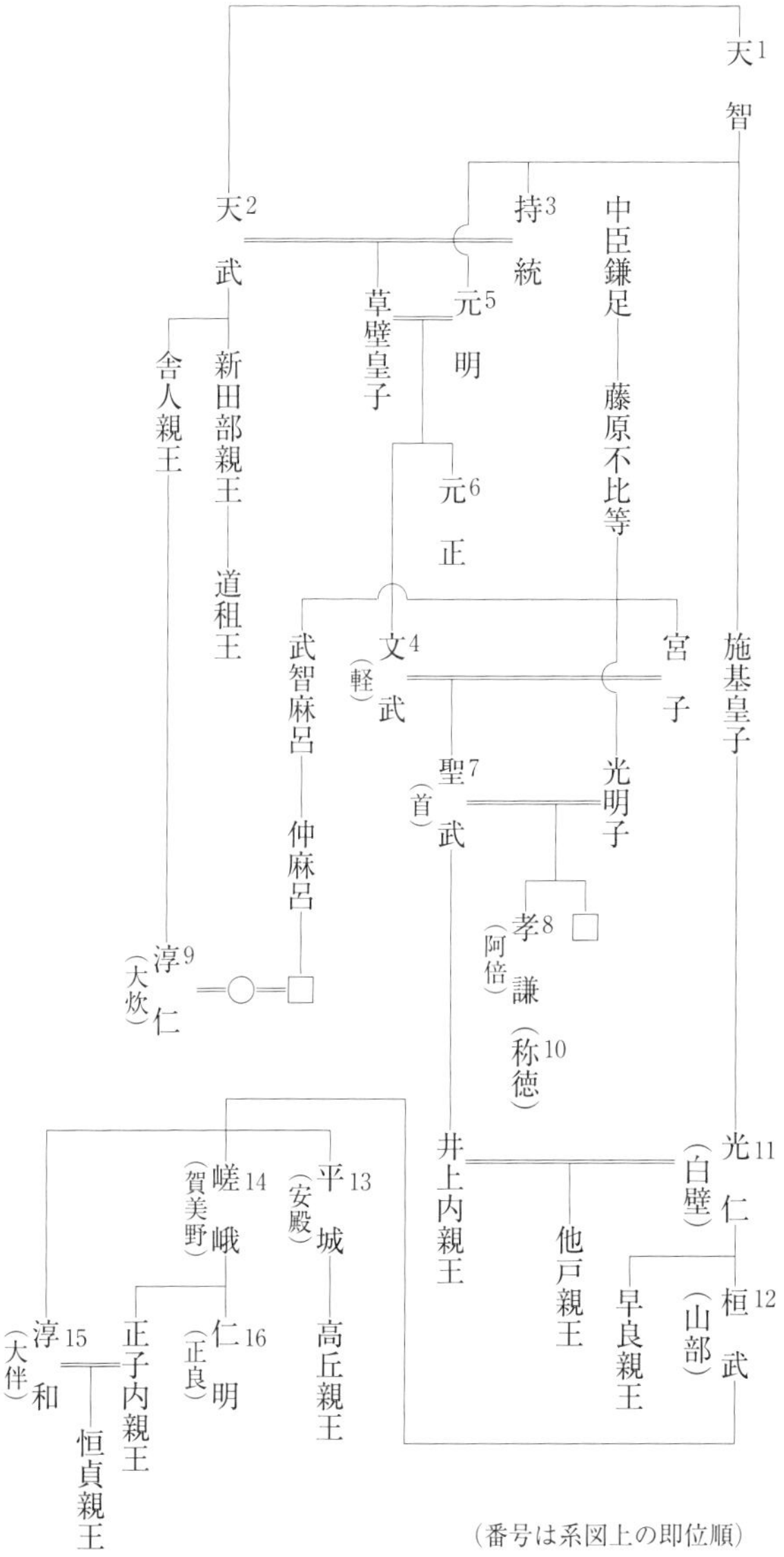

(番号は系図上の即位順)

れた首の成長を待たなければならなくなったため、草壁の妻で文武の母、首の祖母が即位した。元明《げんめい》天皇である。首の成人まで元明が在位するはずであったのだろうが、元明は老齢を理由に自らの娘で文武の姉、首の叔母に当たる元正《げんしょう》に譲位した。こうして二代の女帝を経て、ようやく首の即位となった。聖武《しょうむ》天皇である。

聖武は皇位継承に関わって異例を重ねている。まず、藤原光明子《こうみょうし》との間に生まれた男児を生後一ヵ月ほどで皇太子に立てたが、乳児の立太子は前例がない。その男児が夭逝《ようせい》すると、令制では皇后は皇女に限られていたにもかかわらず、光明子を皇后に立てた。さらに、後には光明子との間に生まれていた阿倍内親王《あべないしんのう》を皇太子とするが、女性立太子も例がない。聖武は自らと同じく藤原氏の女性を母とする皇子に皇位を継承させようとしたのであり、期待の皇子が死去した後の光明立后は、なおも光明子所生皇子の誕生を期待し、その子を皇位継承者とするという聖武の強い意志の表明であった。しかし、その実現性が遠のいたため、次善の策として光明子所生の阿倍内親王を即位させることにしたのである（河内祥輔『古代政治史における天皇制の論理』一九八六年）。

こうして即位した孝謙《こうけん》天皇には、それ以前の女帝とは異なる点があった。持統・元明・元正が皇位を継承させるべき男子が明らかな上での中継ぎであったのに対し、そうした男子がいないままの即位であったことである。孝謙即位後、聖武太上天皇《だいじょうてんのう》が没する直前まで七年余りも皇太子が定められなかったのは、天武・草壁直系男子が自らをもって絶えた後の、新たな皇位継承のあり方を聖武が決めかねていたためである。皇位継承の行方が定まらないことによる政治不安を解消すべく、聖武は世を去る直前に道祖王《ふなどおう》を皇太子に指名した。

道祖王は天武皇子新田部《にいたべ》親王の子であったが、天武・草壁直系に対してはあくまで傍系であり、その正統性の根拠は聖武の指名にしかなかった。聖武亡き後、それは容易に覆されて道祖王は廃され、天武皇子舎人《とねり》親王を父とする大炊王《おおいおう》が立太子する。大炊王擁立には、王と姻戚関係にあった藤原仲麻《なかま》呂《ろ》の意向が強く働いてはいたが、聖武の意志を否定することは、聖武に匹敵する政治的存在の了解がなければできることではなかったはずである。そのような存在は光明皇太后を措《お》いてほかにない。大炊王は光明皇太后の存在と仲麻呂の力に支えられて即位したが（淳仁《じゅんにん》天皇）、光明皇太后が没し、仲麻呂が乱を起こして敗れ去ると廃されるほかなかった。

光明皇太后没後、孝謙太上天皇と淳仁・仲麻呂の対立が顕在化するのは、天武から聖武に至る直系を受け継ぎ、もっとも正統性を備えているとの自負を抱きながら、それまで光明の後景に位置してきた孝謙が母の死を契機に、父聖武から全権を委ねられたとの確信を持って皇位継承を自らの意志のもとに律しようとしたからであった。

しかし、孝謙は未婚の女帝であり、自らの子はいない。孝謙が見いだしたのは、異母姉妹井上《いのうえ》内親王を通じて聖武の血を受けた男子他戸《おさべ》であった。他戸への皇位継承を実現するべく、孝謙は淳仁を廃し、他戸が成人するまでの中継ぎとして自ら重祚《ちょうそ》した（称徳《しょうとく》天皇）。称徳が意中の人を明らかにしなかったため、皇位継承者をめぐる疑心暗鬼から政情は不安定さを増していった。そこにもちあがったのが道鏡《どうきょう》擁立である。道鏡は天皇家出身ではなく、しかも僧侶という全く皇位継承者にふさわしくない存在であった。が、だからこそ逆に他戸につなぐための確実に一代限りの中継ぎとして最適と、称徳は考えたのである。男子王族による中継ぎは、中継ぎとはいえいったん即位すればその人物に皇位継承者決定権が生じるため、避ける必要があった（河内前掲書）。

そのため宇佐《うさ》八幡神《はちまんしん》の神託まで動員したものの、道鏡擁立案は貴族層の受け入るところとはならなかった。他戸への継承に不安を抱きつつ称徳が没すると、その遺志に沿う形を取って、他戸の父で天智天皇孫の白壁王《しらかべおう》が六二歳で立太子し、即位した（光仁《こうにん》天皇）。井上内親王が皇后に、他戸親王は皇太子とされたが、まもなく井上が夫を呪詛《じゅそ》したとして廃され、他戸も連座《れんざ》して皇太子を廃された。男子王族による中継ぎについての称徳の危惧は的中したのである。代わって皇太子となったのが山部《やまべ》親王、後の桓武《かんむ》天皇であった。

以上に見てきたように、奈良時代の皇位継承は天武―草壁―文武―聖武という天武・草壁直系男子によることを基軸とし、成人でなければ即位できなかったために中継ぎとしての女帝が必要とされ、それが聖武に男系継承者がいなくなったことで挫折したのであった。

聖武が自らの直系男子を失った後の皇位継承をめぐる混乱の中で皇位を手にした桓武は、父光仁即位を天武系から天智系への皇統交替と位置づけ、新王朝の成立に擬した。旧王朝の都である平城京《へいじょうきょう》廃都と新王朝の都長岡京《ながおかきょう》・平安京《へいあんきょう》造営や、律令制再建とされる積極的な政策展開、蝦夷《えみし》征服のための戦争なども、桓武の意識の位相においては新王朝成立の宣明と正当化のためであった。

平安初期の皇位継承

皇位継承についてみると、桓武は即位後同母弟の早良《さわら》親王を皇太子としたが、長岡京造営の責任者藤原種継《たねつぐ》暗殺に関わっていたとしてこれを廃し、代わって自らの子安殿《あて》親王を皇太子とした（平城《へいぜい》天皇）。桓武の後は平城・嵯峨・淳和という兄弟継承が続くが、この三人がいずれも異母の桓武皇女を配偶されていることから、桓武は三人を自らの後継者と位置づけたとの説がある（河内前掲書）。それは、聖武が男系継承者を失ったことによる天武・草壁系の皇位継承の挫折を知る桓武が、皇位継承資格者を増やすことを意図してのことだという（保立道久『平安王朝』一九九六年）。加えて、より重要なことは、兄弟間すなわち同世代間の継承は、それ自体は成人間継承となるとともに、次世代の継承者の成人までの時間を確保することも可能にすることである。桓武以後の兄弟間継承は、成人男子による皇位継承を安定的に行うための措置であったと考えられよう。

平城は即位三年で心身の不調を理由に同母弟賀美能《かみの》親王に譲位し、即位した嵯峨《さが》天皇の皇太子には平城皇子高丘《たかおか》親王が立てられた。が、体調を回復した平城太上天皇が再び政治に意欲を示したことか

14—皇位継承と関係系図Ⅱ

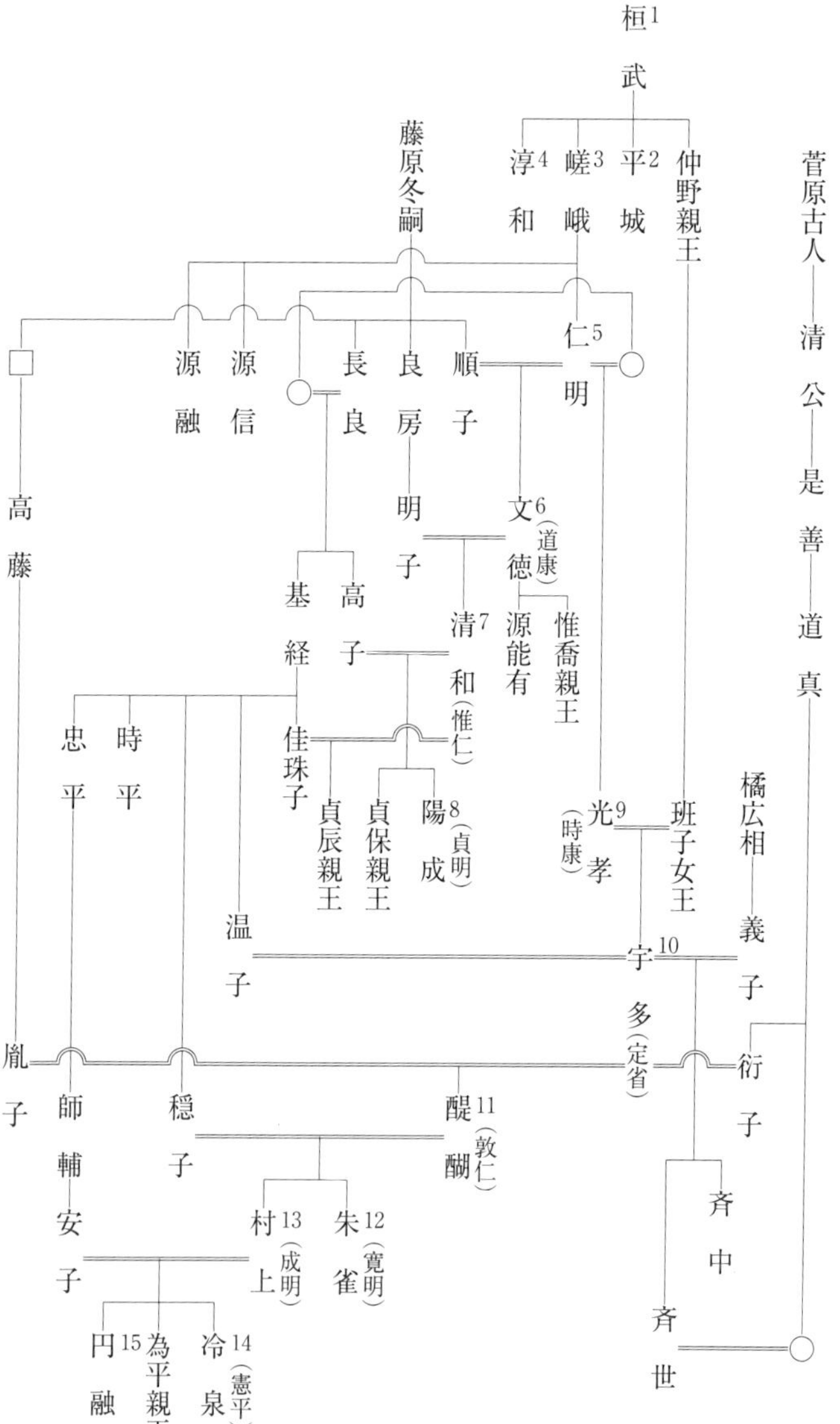

（番号は系図上の即位順）

ら平城太上天皇の変（薬子《くすこ》の変《へん》）が起き、敗れた平城は出家。高丘親王も廃されて、嵯峨は異母弟大伴《おおとも》親王を皇太子とした。

弘仁十四年（八二三）、嵯峨は譲位し、淳和《じゅんな》天皇が即位。皇太子には嵯峨皇子正良《まさら》親王が立てられた。譲位した嵯峨は、自らが兄平城との間で経験した太上天皇と天皇との対立を避けるため、内裏を退去することで、以後、自身は天皇大権行使に関与しないことを明らかにした。嵯峨が示した太上天皇のあり方は、院政開始までの平安時代の太上天皇に受け継がれていくことになる。それは、天皇が唯一の大権行使者となったことを意味した（春名宏昭「平安期太上天皇の公と私」〈『史学雑誌』一〇〇―三、一九九一年〉）。

承和の変

天長十年（八三三）、淳和天皇が譲位して仁明《にんみょう》天皇が即位。皇太子には淳和皇子恒貞《つねさだ》親王が立てられた。ここに、嵯峨・仁明系と淳和・恒貞系の二つの皇統が並び立つことになった。恒貞の母正子は嵯峨皇女で仁明の同母妹であり、嵯峨・仁明と淳和・恒貞の関係は、漢詩の奉和《ほうわ》・応製に象徴されるように親和的に見えた。

が、承和七年（八四〇）に淳和太上天皇が、二年後に嵯峨太上天皇が没すると承和《じょうわ》の変《へん》が起きた。『続日本後紀』では春宮坊帯刀《とうぐうぼうたちはき》の伴健岑《とものこわみね》と但馬権守《たじまのごんのかみ》橘逸勢《たちばなのはやなり》を首謀者とする謀反計画があったとされ、皇太子恒貞親王が廃され、仁明皇子道康《みちやす》親王（藤原良房《よしふさ》の妹順子《のぶこ》所生）が皇太子に立てられた。承和の変は摂関政治成立過程における藤原氏による他氏排斥事件の最初とされるが、伴氏（大伴《おおとも》氏が淳和天皇の諱《いみな》を避けて改称）や橘氏にかつての勢威はなく、藤原氏にとって恐れなければならない存在では既になくなっていた。

承和の変の意義は、嵯峨・仁明系と淳和・恒貞系に分化しつつあった皇統を、嵯峨・仁明系に一系化したことにある。二つの皇統への分化は、貴族層の中にそれぞれに親近する「藩邸の旧臣」を生み出していた。二つの近臣グループが必ずしも対立的な関係にあったわけではないが、その固定化は貴族層の分裂につながりかねない。それを避けるためには皇統を一系化し、そのもとに貴族層を一元的に編成することが求められる。恒貞親王が廃されただけでなく、春宮坊官人がことごとく捕らわれ、六十余人が配流されるという、淳和・恒貞系官人に対する粛清といってよい徹底した措置が講じられたのはそのためであった（今正秀『藤原良房』二〇一二年）。

皇統の一系化を果たした仁明天皇は、政務に精励するとともに恒例の節会や臨時の宴を通じて君臣関係の強化を図った。その治世は、「尤《もっと》も奢靡《しゃび》を好みたまう」「後房内寝の飾、飫宴歌楽の儲、麗靡煥爛にして、古今に冠絶せり。府帑《ふど》これによりて空虚にし、賦斂《ふれん》これがために滋《しげ》く起る。ここに天下の費、二分にして一」（三善清行《みよしのきよゆき》「意見十二箇条」）と批判される面もあったが、「承和という時代は、平安朝人にとって、自らがその中にあって享受しつつある生活、文化、それらの形成に大きく関わった時代と意識され」、「それまでのあまりにも唐風に傾斜した時代風潮から離脱し、王朝文化の形成が創始された時代」（後藤昭雄「承和への憧憬—文化史上の仁明朝の位置—」〈同『平安朝漢文学史論考』初出一九八二年〉）とされる。道真が生まれたのは仁明治世の承和十二年であった。

幼帝の登場

仁明から皇位を継承したのは文徳《もんとく》天皇。文徳は藤原良房の娘明子《あきらけいこ》との間に儲けた惟《これ》仁《ひと》親王を、生後わずか八ヵ月で皇太子に立てた。文徳は「聖体羸病《るいびょう》」といわれながらも政務や儀礼に精励したが、天安二年（八五八）八月急逝し、皇太子が皇位を継承した。清和《せいわ》天皇、時に九歳。初めての幼帝即位となった。

奈良時代には成人でなければ即位できなかったため、中継ぎの女帝が必要とされたことは先に見たとおりであるが、実はこの時も中継ぎが考慮された。文徳の第一皇子惟喬《これたか》の擁立である。文徳は惟仁が幼少であることから、まず惟喬を即位させ、惟仁が成人の後、皇位を譲らせようと考え、左大臣源　信《みなもとのまこと》に諮った。信は、皇太子に罪があるなら廃して皇位を継がせるべきではない、もし、罪がないのであれば他の人を擁立すべきではないと述べた。文徳は喜ばなかったが、結果、惟仁即位となったのである（『吏部王記《りほうおうき》』承平元年〈九三一〉九月四日条）。文徳は中継ぎとしての女帝擁立を考えていなかったことになるが、それはふさわしい候補者がいなかったためであった。奈良時代の中継ぎは、先帝の妻で皇位継承者の祖母（持統。元明もこれに準じる）や叔母（元正）で、かつ皇女であった。が、惟仁の祖母藤原順子、母明子はともに皇女ではない。惟仁の叔母に当たる文徳同母姉妹はいなかった。そこで文徳は惟喬擁立を考えたのである。では、源信はなぜ反対したのだろうか。それは、男子による中継ぎは、中継ぎとはいえ即位すればその人物に皇位継承者決定権が生じるためである。こうして中継ぎ擁立の可能性が否定された結果、惟仁成人以前に文徳が没した場合、幼帝即位は避けられないこととなった。幼帝即位は大権行使能力を有しない者を天皇として戴くことになる。それは天皇制と天皇を政治的君主とする国家の危機を意味した。

摂政の始まり

幼帝即位にともなう天皇制と国家の危機を克服するための最も大きな課題は、天皇としての大権行使能力を有しない幼帝に代わって誰が大権を担うのか、最も日常的・具体的なこととしては、日々の政務の決裁を誰が行うかであった。

中央政府が処理する国政事項は、太政官事務局の弁官局で受理され、内容や付属文書に不備のないことを確認した上で、弁官局からその日の政務を担当する公卿（上卿《しょうけい》）の決裁が仰がれた。案件の重要度などによって、担当上卿が決裁するもの、上席の公卿の決裁が仰がれるもの、天皇に上奏されて天皇の決裁が仰がれるものとがあった。決裁の内容は太政官符《だいじょうかんぷ》・官宣旨《かんせんじ》によって関係方面に下達されたが、官符の文中に「奉勅」と記されていれば天皇が決裁したことを意味した。清和即位の初期から奉勅の官符・官宣旨は発給されている。が、幼帝に政務決裁能力はない。とすれば、誰かが清和に代わって政務の決裁をしていたことになる。可能性があるのは、父院（太上天皇）、母后、摂政のいずれかであるが、清和の父文徳はすでに没しており、母明子には政治に関与した事例は見られない。とすれば、その任を担うのにふさわしいのは、太政大臣として廟堂の首班におり、公卿としての政務経験も豊富な藤原良房を措いてほかにない。摂政制は幼帝即位時に臣下に天皇大権代行を委ねるものであり、大権代行者が制度化されたことによって幼帝の即位という天皇制の危機は克服されることになった。これ以後、幼帝即位が相次ぐのはそのためである。

清和即位に当たって、後代のような良房を摂政とする詔勅が出されていないことから、即位当初から良房が摂政を務めていたとすることに否定的な見解もあった。しかし、詔勅が出されなかったのは幼帝即位時の対応が詰められないまま文徳が急逝したことによる。一方、清和は皇子貞明《さだあきら》に自らの即位年齢と同じ九歳で譲位するに当たり、藤原基経を摂政とする際、「幼主を保輔し、天子の政を摂行すること、忠仁公（良房）故事の如くせよ」、「少主の未だ万機を親しくせざるの間は、政を摂り、事を行わんこと、近く忠仁公の朕が身を保佐するが如く、相扶仕え奉るべし」（『日本三代実録』貞観十八年十一月二十九日条）と述べており、良房が清和の摂政を務めたのは清和が「幼主」「少主」であった時期であるとの認識を示している。また、良房が摂政を務めたのは「貞観初」（清和即位翌年に貞観と改元）ともされており、清和即位当初から良房が摂政を務めていたと考えてよい。

ところで、初めての摂政を務めることになった良房が太政大臣であったことから、従来、摂政の職掌は太政大臣のそれに由来すると説かれてきた。令は太政大臣の職掌を、「一人に師とし範として、四海に儀形たり。邦を経め道を論じ、陰陽を燮《やわ》らげ理《おさ》む（天皇の道徳の師範、四海の民の規範、政治の姿勢を正し、天地自然の運行を穏やかにする）」と規定している。天皇を師範として導き、かつ太政官の最上首の公卿として政務を統括するという太政大臣の職掌から、幼帝の場合その輔導《ほどう》は天皇大権代行に及んだとするのである。しかし、すでに繰り返し述べてきたように天皇は成人でなければならないとされていたことは、令制では本来天皇は大権行使能力を有することが前提とされていたということである。そのような天皇に対して、太政大臣に大権代行を認めることは矛盾するといわざるをえない。政務の決裁についていえば、太政官の最上首であるとはいえ、太政大臣は天皇の決裁を仰ぐ立場だったのであり、太政大臣の職掌から摂政の職掌は導き出されない。天皇大権行使能力のない幼帝に代わって大権を代行するという摂政の職掌は天皇の職掌から必要とされ、生み出されたものであった。

摂政は政務決裁を中心に天皇大権代行を担ったが、天皇の果たすべき役割の全てを代行したわけではない。天皇は二つの役割を担う存在であった。一つは、国家機構の頂点に立ち、貴族・官人を率いて国政を総攬するというもので、それは国家という機構を介して実現された。いま一つは、貴族・官人を自らの下に組織し、彼らを支配層として結集させる要であり、それは貴族・官人との人格的な結合、君臣関係として現れた。前者の役割を代表するのが政務決裁、後者を代表するのが儀礼の主宰といってよい。儀礼には国家の荘厳、秩序と安寧の象徴、宴を通じての君臣関係の強化などの意義があり、国家、その秩序と安寧、君臣関係のいずれにおいても中心に位置するのは天皇であった。儀礼における その役割についても摂政が一部を代行することはありえたが、幼帝であっても君臣関係の頂点に立つ天皇の存在は必要とされた。初めての幼帝として即位した清和は、外祖父でもあった摂政良房の補助を得ながら、即位当初から然るべき儀礼には姿を見せ、天皇に期待された役割の一端を果たしていたのである。

清和は貞観六年正月に一五歳で元服した。元服によって大権行使能力を有するとみなされることになるため、後代においては、天皇元服にともない摂政が辞表を呈する（復辟《ふくへき》）のが例となった。良房の次に陽成《ようぜい》天皇の摂政となった藤原基経も、天皇元服にともない辞表を呈している。しかし、良房の場合辞表を呈したことは史料に残らない。それは、摂政に任じる詔勅が出されていなかったことに対応しているのだが、良房が後に「大成の日已に来り、帰老の期に行き及れり。臣敢て盈満《えいまん》の誡を忘れず、又深く二疏の風を企つ。然れども聖慈直廬《じきろ》の外に出づるを許さず。臣も誠に玉階の前より離るるに忍びず、恩沢に徘徊して猶禁中に侍りき」（『日本三代実録』貞観八年八月二十二日条）と述べていることから、良房も辞表こそ呈しなかったが、清和の元服にともない摂政を辞する意思を表明していたことが知られるのである。しかも、良房の辞意に対して、清和は良房が宮中を離れることを許さず、良房も清和の側を離れるのに忍びがたく、引き続いて禁中にとどまったというのである。実は、陽成天皇元服にともなって藤原基経が摂政辞表を呈した際も、陽成はこれを認めていないのである。

以上の経緯からは、天皇が元服すると大権行使能力を有すると見なされるようになることを受けて、摂政がその職掌を辞しようとすることは、すでに良房において見られ、基経の段階では定着していたことが明らかとなる。では、清和・陽成は良房・基経の辞意をなぜ認めなかったのであろうか。それは、摂政辞意を認めた場合、前摂政となった良房や基経をどう遇するべきかという新たな課題が生じたためと考えられる。おそらく、天皇大権代行という至高の職掌を担ってきた者に対して、それを離れた後も何らかの特別な待遇が必要と考えられたのであろう。が、良房も基経も既に太政大臣になっていたから、より高い官職は存在しない。かといって、太政大臣として公卿の一員と位置づける、あるいはそれに戻すだけでよいのか。良房・基経の段階では、前摂政（摂政経験者）の待遇についての成案が得られなかったために、摂政の辞意を認めることができなかったのである。

良房の摂政辞意は認められなかったため、良房は清和元服後も引き続き（形式的には貞観十四年に没するまで）摂政の職掌を担っていたことになる。清和元服後にも、良房が大権を代行していると見なしうる事例があるのはそのためである。一方で、清和が大権を行使している事例もあることから、清和元服後は、大権行使能力を有することになった清和と、辞意が認められないまま引き続き摂政の職掌を担っていた良房とが、ケース・バイ・ケースで政務の決裁に当たっていたと考えられる。ただし、良房はすでに清和元服の時点で摂政の辞意を表明していたし、清和も摂政は幼主・少主に対応するものと認識していたから、清和元服後の良房が元服以前のように天皇大権を全面的に代行することはありえなかった（以上、良房の摂政については今前掲書）。

応天門の変

清和元服から二年後の貞観八年（八六六）閏三月十日夜、大内裏朝堂院の正門応天門《おうてんもん》と東西の楼閣が焼亡した。放火の可能性が想定されたが、真相究明は進まなかった。

そんな中、藤原良房の弟で右大臣であった藤原良相《よしみ》と大納言伴善男《とものよしお》が、左大臣源信に嫌疑を掛けて召し出そうとした。源信は、かつて文徳天皇が幼少の惟仁、すなわち清和天皇即位までの中継ぎとして惟喬親王擁立を考えた時にそれを支持せず、結果として清和即位を実現させた人物である。その信が嫌疑を掛けられていると聞いた良房は、清和に「左大臣は是陛下の大功臣なり」と諫《いさ》めて、事なきを得たという（『吏部王記』承平元年九月四日条）。良房は清和が元服した貞観六年冬に大病を患って以後、出仕も滞りがちであった。その良房に代わって政務に精励していたのが弟の良相であり、良房や良相との良好な関係も背景に、明晰《めいせき》な頭脳で政務に手腕を発揮して台頭してきたのが伴善男であった。良相と善男が上席の源信に嫌疑を掛けたのは、良房の目が届かなくなっていた状況のもとでであった。

ところが、八月三日、今度は伴善男とその男中庸《なかつね》らが放火の罪で訴えられた。七日には清和の命によって善男が訊問されたが、善男は潔白を主張。対応に窮した清和は、十九日に良房に「天下の政を摂行せよ」との勅命を下した。この勅によって良房が正式の摂政に任じられたと解されてきたが、良房は清和元服に際して表明した摂政辞意を認められていなかったから、依然摂政の職掌は担い続けていたと考えるべきことは既に述べた。この勅は、それに対する良房の辞表への勅答の中で清和が「廼《だい》者《しゃ》怪異荐臻《せんしん》（最近怪異が頻発している）、内外騒然、須《すべから》く公の助理を頼み、且つは静謐《せいひつ》を得べし」と述べているように、応天門の変以後の政情不安の解決のために、良房の出仕を求めたものであった（坂本太郎「藤原良房と基経」〈同著作集第一一巻『歴史と人物』初出一九六四年〉）。

良房が対応を迫られたのは、真相のつかめない応天門炎上事件と、それを契機に表面化した源信に対する藤原良相・伴善男という廟堂最上層部の対立であった。しかも、良房の後見を一時的に失った清和が、清和なりに応天門焼亡事件の解決に取り組んだということではあったろうが、公卿である大納言伴善男を訊問させ、善男は潔白を主張するという事態を招いていた。清和薨伝には、善男が罪を認めず、善男の嫌疑を疑う者もあったが清和はゆるさなかったとあり、清和自身が自ら指示した善男断罪にこだわっていたことがうかがわれる。良房は、この縺《もつ》れた糸を解きほぐすことを求められたのである。

良房は、自らが摂政として支えてきた清和の体面を守ることを最優先させた。伴善男が応天門放火と関係があろうとなかろうと、善男の訊問を命じた清和の判断が正しかったことにするためには、善男に罪を負わせるほかなかった。同時に善男を排することで、廟堂上層部の対立にも終止符を打つことにしたのである。こうして、伴善男は伊豆国《いずのくに》へ、その男中庸や従者も配流された。

応天門の変も摂関政治成立過程における他氏排斥事件とされるが、良房と伴善男とはもとから対立的な関係にあったわけではない。また、伴氏からの公卿任官は、善男の父国道《くにみち》が天長五年（八二八）に参議で没して以来であり、伴氏は良房にとって恐れるべき存在ではなかった。善男の失脚の直接の原因は、応天門焼亡についての清和の対応にこそ求められるべきであり、応天門の変を摂関政治確立のための他氏排斥事件とするのは当たらない。

応天門の変の年、道真は二二歳、文章生であった。文章得業生に向けての勉学に専心する一方で、父是善に向けて高まりつつあった詩人無用論が気がかりになっていたであろう。

藤原基経の摂政

元慶元年（八七七）、清和は、藤原高子《たかいこ》との間に儲けた貞明親王が自らの即位年齢と同じ九歳になると譲位した。再び幼帝（陽成天皇）即位となったが、この時は譲位する清和が良房の後継者で右大臣となっていた藤原基経を摂政とする詔勅（伝国詔命《でんこくしょうめい》）を発した。幼帝即位にともなう摂政設置は常例となった。もちろん、陽成も幼帝とはいえ、即位当初から然るべき儀礼には臨席し、天皇としての役割の一端を果たしている。なお、摂政任命に対する基経の二度の辞表は、いずれも道真の手になる（620、『本朝文粋』巻第四。道真は基経の右大臣辞表〈貞観十四年十月十三日〉も草している〈615〉）。

基経の摂政について注目すべきは、基経が呈した辞表で、幼帝の補佐は父の太上天皇か母后がすべきだとしたが、清和太上天皇がそれを認めなかったことである。これにより、太上天皇が存在しても摂政が天皇大権代行を担うという院政開始までのあり方が確立した。譲位後の清和は政務に関わることはなく、仏道に専心している。なお、基経辞表で述べられた幼帝時の母后による大権代行は日本では例がなく、この文言から母后の大権への関与を過大に評価すべきではない。この文言自体、基経の認めたものではあるが、辞表を作成した道真が典籍によって得た中国の事例に拠ったものであろう。

また、良房は太政大臣として廟堂の首班であったから、摂政を務めるに当たり他の公卿との序列が問題になることはなかったが、基経の場合、上席に左大臣の源融《とおる》がいた。天皇大権代行という至高の職掌を務める者が他者の下位にあることが問題と考えられたのであろう。清和は伝国詔命で、左大臣は政務に耐えられないといっており、それを尊重すると述べ、融はこの後光孝《こうこう》天皇即位後の元慶八年六月まで出仕しなくなる。左大臣を辞することは認められていないから、いわば休職扱いとされたわけである（河内前掲書）。これによって基経は右大臣で実質的な廟堂首班となった。その結果、基経は摂政として天皇大権代行を担うとともに、右大臣として政務の上卿も務めることになった。そのことは、摂政となった後も官符・官宣旨の上卿（符宣《ふせん》上卿）を務めていることから知られる。同様の例は左大臣で摂政を務めた藤原道長《みちなが》、左大臣で関白を務めた藤原頼通《よりみち》などがある（土田直鎮「類聚三代格所収官符の上卿」〈同『奈良平安時代史研究』初出一九六九年〉）。

元慶六年正月、陽成天皇が一五歳で元服。太政大臣基経以下の公卿が奉った元服賀表《がひょう》は道真が草している（625）。天皇元服にともない、基経は摂政辞表を呈した。が、陽成は「名は成人に烈すといえども、徳はなお往古に慙《は》ず」と述べて辞表を認めなかった。これが、辞表を認めた場合の前摂政の待遇についての成案が得られていないためであったことは良房の場合と同じである。年を越えて元慶七年八月にも基経は摂政辞表を出しており（その中では前年十二月二十六日にも辞意を表明したとしている）、政務を見なくなっていた。このため、十月には太政官事務局の弁官と史《し》が基経の堀川第《ほりかわだい》に参じて庶事を上申している。

良房・基経二代の摂政を経て、天皇元服後の摂政経験者の処遇が解決されるべき課題であることが明らかになっていた。この課題の解決は、意外な形でもたらされることになる。

2　関白の創始

陽成天皇退位と光孝天皇即位

元服から二年後の元慶八年（八八四）二月四日、陽成天皇は基経に手書を送り、病気を理由に譲位の意志を伝えた。結果、陽成は一七歳で退位。替わって、「諸親王中にも貫首（長老）」であり、「前代に太子無き時には此の如き老徳を立て奉るの例在り」との理由で、五五歳の光孝天皇が即位した。前代の例とは光仁天皇擁立を意味していよう。

前年の元慶七年十一月十日、陽成乳母の子源益《まさる》が殿上に侍していたところ、殴り殺されるという事件が発生した。『日本三代実録』は「禁省の事秘にして、外人知ること無し」とするが、陽成の関与が想定されている。十六日には、馬を好んだ陽成が禁中閑所で秘かに馬を飼わせ、馬の飼養や馬術をよくする者を召していたことを聞きつけた基経が急遽参内し、「宮中の庸猥群小を駈逐」している。二つの事件の関係は明らかでないが、陽成に天皇としてふさわしくない行動が見られたらしいことがうかがわれる。おそらくは貴族層の間でも陽成退位やむなしとの合意が形成され、それを背景に基経が退位を了解させたというのが、陽成退位の真相であろう。

問題は後継の天皇を誰にするかであった。承和の変によって皇統は嵯峨・仁明系に一系化され、その後皇位は仁明—文徳—清和—陽成と継承されてきた。これを仁明・文徳系直系とするならば、直系の継承者として最もふさわしいのは陽成の同母弟貞保《さだやす》親王となる。陽成異母弟まで広げれば基経の娘佳珠子《かずこ》所生の貞辰《さだとき》親王もあった。世代を遡れば、清和・文徳には同母弟は無く、仁明同母弟（嵯峨皇子）秀良《ひでなが》親王が存命であった。しかし、基経は自らが外戚となりうる貞保・貞辰親王ではなく、仁明皇子で文徳異母弟の時康《ときやす》親王を擁立した。嵯峨皇子秀良にまで遡らなかったのは、承和の変による仁明系への皇統一系化を受けてのことであろう。それにしても、時康親王すなわち光孝天皇は仁明系とはいえ、仁明・文徳系直系からすれば相当に遠い存在であった。

基経と光孝は母が姉妹ではあったが、光孝擁立に際しては、基経が、かつて仁明天皇の皇太子とされながら承和の変で廃され、出家していた淳和天皇皇子恒貞を擁立しようとして固辞された（『恒貞親王伝』、『扶桑略記』元慶八年二月四日条）とか、嵯峨皇子で臣籍になっていた源融が自薦して基経に否定されたという話（『大鏡』）が伝わる。いずれも、仁明・文徳系直系との関係でいえば光孝よりさらに遠く、しかも出家者や臣籍になった者という、本来なら皇位継承資格者になりえないはずの人々である。が、僧侶に関していえば、称徳天皇が他戸への中継ぎとして道鏡を擁立しようとしたことがあった。また、光孝は即位後、子どもがいずれも親王時代の所生であることを理由に、伊勢《いせ》斎宮《さいぐう》と賀《か》茂《も》斎院《さいいん》となる女子二人をのぞいて、男女子全てに源姓を与えて臣籍にしているが、それは光孝が自らの子孫に皇位を伝える意志がないことを表明したものと考えられている。これらのことから、光孝は、陽成退位という突然の事態を乗り切るための中継ぎであり、しかも、その即位は「百辟卿士の楽推の請」、すなわち貴族層の推挙によっていたから、貴族層においてはそのことが合意されていた可能性が指摘されている。加えて、光孝が没する直前まで皇太子が立てられていないことから、光孝の中継ぎは然るべき継承者が決まらないままでの、在位中に然るべき継承者を決めるためのものであったと考えられている（河内前掲書）。

なお、奈良時代の女帝や光孝についての「中継ぎ」との位置づけであるが、それは皇位継承の上から見てのことである。中継ぎとはいえ、天皇位に即いた以上、彼らも政務決裁や儀礼の主宰など天皇としての役割を果たしたのであって、中継ぎではない天皇に比して、天皇としてのあり方に遜色があったのではない。光孝即位後、『日本三代実録』には天皇が紫宸殿に出御して政務を見たとの記事や、久しく行われていなかった旧儀を復活したとの記事が散見するが、特殊な状況で即位したからこそ、光孝は天皇として期待された役割を果たすことで天皇としての正当性を獲得すべく努めたのである。

関白の始まり

即位から二ヵ月余り後の元慶八年五月九日、光孝は諸道博士に「太政大臣は職掌有りや否や、ならびに大唐の何れの官に当たるか」について勘奏を命じた。勘奏の対象となった太政大臣には基経が在職していたから、光孝のこの命が基経の処遇を意識してのものであったことは想像に難くない。五月二十九日には、勅を奉じた左大臣源融が文章博士菅原道真、明経《みょうぎょう》博士善淵永貞《よしぶちのながさだ》、大学助教（明経博士の次位）浄野宮雄《きよののみやお》・中原月雄《なかはらのつきお》、少外記大蔵善行《しょうげきおおくらのよしゆき》、明法《みょうぼう》博士凡春宗《おおしのはるむね》、大内記菅野惟肖《すがののこれすえ》、明法博士忌部濬継《いんべのふかつぐ》らを召して勘奏の内容について問うた。『日本三代実録』同日条には道真、永貞、惟肖、善行、春宗・濬継の五点の奏議が引用されている。それによれば、唐の相当官について触れているものは三師三公を挙げることで一致しているが、職掌の有無については、道真は、太政大臣には分掌はなく、その点で唐の三師に当たるとした上で、日本令と唐令では異なる点があり、太政大臣は分掌はないが太政官の職事《しきじ》であるとした（橋本義彦「太政大臣沿革考」〈同『平安貴族』初出一九八二年〉）。道真以外の者の勘奏も含め、それらの内容は「全体的に見て、太政大臣には職掌はないのだが、そう論断するのではなく、職掌はないにしても、政治を知行するという方向で結論を出そうとしている」（滝川幸司「菅野惟肖考」〈『奈良大学紀要』三九、二〇一一年〉）。それは、良房・基経の太政大臣としてのあり方をふまえたものであったといえる。

六月五日、光孝は勅で以下のように命じた。「天下を済助し、朝政を総摂してきた基経の功績を賞しようと考えたが、基経が謙遜して固辞すれば政事は壅滞《ようたい》してしまう。そこで太政大臣の官にあって、その職を行ってほしいと思い、太政大臣の職掌について勘申を命じた。博士らの勘申によれば、太政大臣の職掌は令に規定する「師範訓導」だけではなく、内外の政で統べないものはないとのことであったが、例え明確な職掌はなくとも、自分の耳目腹心にあって憂いを分かちあってほしい。「今日より官庁に坐《いま》して就いて万の政領《す》べ行い、入りては朕が躬《み》を輔《たす》け、出でては百官を総《す》ぶべし。奏すべきの事、下すべきの事、必ず先に諮稟《しりん》せよ」。自分は基経に委ね、その成すところに従おう」。「奏すべきの事」とは太政官から天皇への上奏事項、「下すべきの事」とは天皇から太政官への下命事項を意味し、それらについては必ず先に基経に諮ってその指示を仰げというのである。基経の指示内容は当然天皇に伝えられ、天皇の決裁の参考意見とされる。つまり、光孝は天皇として自らが行うべき政務の最終決裁のための参考意見を呈する職掌を基経に付与したのである（坂本賞三「一人諮問の由来」〈『神戸学院大学人文学部紀要』一、一九九〇年〉）。光孝の跡を襲った宇多天皇が同様の職掌を再び基経に与える際、「万機巨細、百官己に惣《す》べよ、皆太政大臣に関《あず》かり白《もう》し（「皆関白太政大臣」）、然る後に奏下すること、一に旧事の如くせよ」としたことから、この職掌とそれを担う者、またその地位を「関白」と称することになった。従って、言葉としての関白の使用は宇多朝からであるが、その職掌は光孝朝に始まったのである。

光孝が基経に関白の職掌を与えたのは、予期せず天皇位に即いた光孝が、基経の推戴の功に報いようとしてのこととされてきた。もちろん、光孝の思いとしてはそのようなこともあったであろう。が、より重要なのは、関白の創始は、陽成退位によって摂政ではなくなった基経に、それまで基経が摂政として天皇に代わって政務を決裁してきた経験を、自らを補佐するために最大限発揮させるための措置であったことである。天皇とし

15―藤原基経自署署名

て政務の決裁を行うに当たり、最も有益なのは天皇としての政務決裁を経験ないし代行した者からの助言であることは想像に難くない。そこで創始されたのが関白であった。

しかも、関白の創始は、幼帝が成人し、摂政が辞表を呈した時、それを認めて摂政の任を解き、前摂政（摂政経験者）を関白とすることで、その処遇問題に解決を与えることにもなった。その意味では、関白は前摂政への優遇措置として始められたことになる（坂本賞三「関白の創始」〈『神戸学院大学人文学部紀要』三、一九九一年〉）。幼帝の成人にともない摂政を辞した者が関白とされた最初は、基経の男忠平《ただひら》である。

宇多天皇即位

即位から三年半ほど経た仁和三年（八八七）八月二十二日、太政大臣基経以下公卿が上表して皇太子を立てることを請うた。これを受けて二十五日、光孝は七男定省《さだみ》を、「祖宗の駿命」を伝えるため臣姓を削って親王とした。翌日、光孝は不予《ふよ》となり、定省親王立太子の策命を発して、五八歳で没した。定省はその日に皇位を継承、宇多天皇である。

光孝の子が皇位を継承したことは、先に光孝が中継ぎであったとしたことと一見矛盾する。しかし、先述したように光孝がその子女を臣籍にしたこと、光孝の死の直前まで皇太子が定められなかったことは、光孝の子が皇位を継承することは当初考えられていなかったことの現れである。このことは、道真が後に触れることになる阿衡《あこう》問題に関わって基経に奉じたとされる書（「奉昭宣公書」）（676）で、「閭里《りより》の言に曰く、先皇今上を立て太子と為さんと欲すること数《しばしば》なり。しかるに大府奉行を務めず

（巷説によれば、光孝は定省の立太子を望むことしばしばであったが、基経がそれを受け入れなかった）」と述べていることと符合しよう。一方、同書で道真は、「去年先皇晏駕《あんが》の朝、今上承嗣《しょうし》の夕、功漏刻《ろうこく》に成り、議須臾《しゅゆ》に定まれり。貴府の持重に因縁し、傍人の言を出すこと有るなし。宜《むべ》なるかな、先皇の顧託に寄せるなり（光孝が没し宇多が即位するに際しては、事は速やかに運ばれた。それは基経が大事を取って慎重に対応し、他の者に口出しをさせなかったことによる。それは光孝が後事を託したことに応えたものだ）」とも述べている。道真の語るところを踏まえれば、やはり貴族層の間では光孝は中継ぎと考えられており、従ってその子の立太子は当初受け入れられなかったのである。しかし、光孝在位中に貴族層が合意できる然るべき継承者を決めることができなかった。となれば、安定的な皇位継承のためには光孝の子の中から擁立するほかない。が、光孝の子については臣籍になっていたことを問題とする声があったのであろう。これまでに、臣籍となったものが皇位を継承したことはないからである。陽成太上天皇が即位後の宇多を「当代は家人にはあらずや」と評したという『大鏡』の記述が、貴族層に実感をもって受けとめられる状況があったのである。それを知るがゆえに貴族層の合意を優先してきた基経ではあったが、事ここに至ってそうした声を抑え、公卿の総意として光孝に立太子を求め、宇多即位を実現させたのである。まさに、基経の「持重」によって宇多即位は実現したのであった。

定省は光孝七男、母班子《なかこ》女王所生子の中でも長子ではない。その定省を光孝が指名したのは、詔によれば「朕が躬に扶侍し、未だ閤を出づるに会わず、寛仁孝悌、朕が鍾憐する所なり」とするが、後

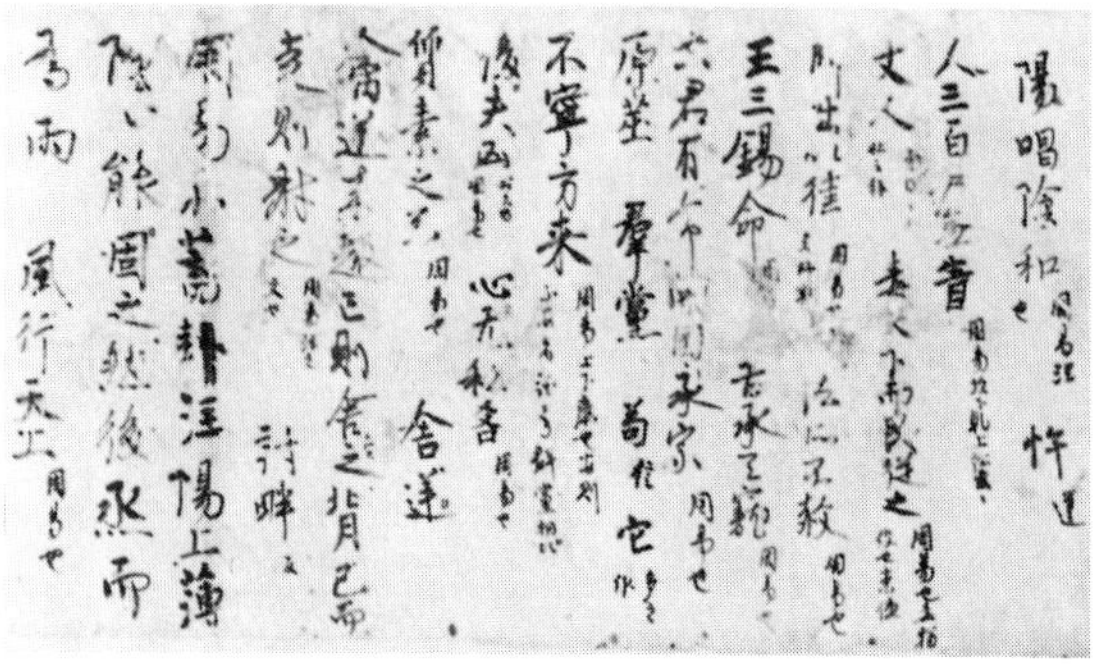

16──宇多天皇筆「周易抄」

に宇多自身が「尚侍《ないしのかみ》藤原朝臣、朕に養母の勤め有り」（『宇多天皇日記』寛平九年〈八九七〉六月十九日条）と述べているように、定省が基経の妹淑子《よしこ》の養子となっていたことが大きな要因であったと考えられる。淑子については、道真も「奉昭宣公書」で「尚侍殿下は今上（宇多）の母事とする所。其の労の重きたるや中宮といえども得ず。其の功の深きたるや大府（基経）といえども得ず」と述べている。養母（養子）関係の実態については、淑子が夫藤原氏宗《うじむね》から継承し、のちに円成寺《えんじょうじ》となった山荘に宇多が幼少時にいたことが知られる（『醍醐天皇日記』延喜七年〈九〇七〉正月三日条）程度であるが、淑子が臣籍となった定省に何らかの援助を行っていたことは、貴族社会において周知のことであったのであろう。さらに「奉昭宣公書」では、淑子は橘広相の娘義子を養女とし、それを臣籍にあった定省の妻としたとされている。こうした淑子と定省との関係が、ただちに基経と定省の関係と結びつくわけではないが、形式的には基経と定省は淑子を介して伯父と甥の関係になる。光孝はこうしたことを考慮に入れて、定省を指名したのであろう。このように考えるならば、道真が、光孝が定省擁立を望んだにもかかわらず基経が当初それに従わなかったと述べているのも、基経にしてみれば、定省が淑子を介して自身とつながりがあるからこそ避けようとしたと考えることができる。これは、陽成退位の際、自らの娘佳珠子所生の貞辰親王擁立を避けた基経の判断とも共通するものがある。

『宇多天皇日記』によれば、光孝は右手に基経の、左手に宇多の手をとり、宇多を基経の子の如くに補弼《ほひつ》してほしいと託したという。即位した宇多も、光孝亡き後は頼りにする人もなく、政事のこともよく分からないので、父子の如く親しく、「摂政」してほしいと述べ、基経は謹んで命を承ったという。宇多は既に二一歳であったから、ここでいう「摂政」は幼帝時の大権代行を意味しないことは明らかで、のちに宇多が詔勅でいう清和・陽成・光孝三代にわたる基経の功を意味していた。光孝の七七日斎会《さいえ》を終え、即位式を挙げた十一月十七日には宇多は基経に勅書を送り、「先に（光孝の）遺託の命有り。況んや余已に孤子《こし》と為る。而して（基経が）教うるの命に随わんことを思うのみ。此の如きの言（基経が）もし辞退すること有らば、（自分は）更にまた世間に住まず、小子世間の政を摂らず。小君の号を抛《なげう》ち山林に逃隠せん。是念う所也」と伝えた。その後、ことあるごとに「先帝（光孝）渭橋の拝を承くるは是卿の功、朕翼室の延を辱《かたじけ》なくするは亦誰の力ならん」（閏十一月二十七日勅）、「先帝常に言わく、我今長大して藩底に潜む。太政大臣の扶持に因りて幸いに此の皇極に登ることを得て、枯木更に栄ゆ、是誰の徳や。又朕両兄有り。先帝の顧託有りといえども、大臣の済導あらざるによりては、朕が宝位何ぞ今日に至らんや」（『宇多天皇日記』寛平二年二月十三日条）と述べるように、宇多は父光孝の即位も、自らの即位もともに基経のはたらきによるものであることを十分に認識していた。

阿衡問題

即位式後の十一月二十一日、宇多は基経の功を讃えた上で、「万機巨細、百官己に惣べよ、皆太政大臣に関かり白し、然る後に奏下すること、一に旧事の如くせよ」との詔を発して、基経に前代同様関白の職掌を務めるよう命じた。閏十一月二十六日、基経が上表。翌日宇多は、光孝が関白の職掌を与えた勅の内容を踏襲しつつ、重ねて関白を命じる勅答を発した。ところが、その中の「宜しく阿衡の任を以て卿の任と為すべし」という一文が問題を引き起こした。この文言に基経が疑義を抱いたのである。

明経道・紀伝道（文章道）の諸博士に勘申させたところ、仁和四年（八八八）四月二十八日に明経博士善淵愛成《よしぶちのちかなり》・助教中原月雄が阿衡は三公の官名で典職はないとした。そこで基経は五月十五日に奏状を進め、「去年十一月二十一日詔書を奉わるに、万機巨細臣に関かり申せ…又同年閏十一月二十七日勅旨を奉わるに、阿衡の任を以て汝の任と為すべし…未だ阿衡の任を知らず。関白は如何せん。以て疑いを持つこと久し…左大臣明経博士等をして勘申せしむるに云わく、阿衡の任は典職無かるべしといえり…早く執奏の官に仰せて万機を擁滞せしむることなかれ」と述べた。五月二十三日には文章道から少外記紀長谷雄・大内記三善清行・左少弁藤原佐世《すけよ》が勘申を行い、典職なしとする四月二十八日の明経博士の勘申に従うべきであると述べた。これに対し、二度の詔勅を起草した橘広相は、中国の史書では朝政を執るものを阿衡と称していることに依拠して詔勅に阿衡の語を用いたのであり、中国でも周の三公は典職はないが、それ以後の三公は統べざるところなしと反論した。

宇多は五月二十九日に左大臣源融を召し、諸博士らの勘文を検討させたが、融はそれぞれの主張の是非は決めかねるとした。六月一日、宇多は融と橘広相・藤原佐世・中原月雄を廉前に召して対論させたが一決しなかった。同日には融を基経第に遣わし、前詔のように、つまり関白を務めてほしいと伝えさせたが、翌二日融の返奏によれば、基経からは「未だ阿衡の趣を定めざれば政を行うこと能わず」との返答であった。「万機の事、巨細と无く皆擁滞し、諸国諸司愁恨万端」という事態を解決するため、融は詔書を改めることを宇多に進言。宇多はいったんはこれを拒否したが、「枉《ま》げて大臣の請うに随う」こととし、六月二日、「朕の本意は万政を関白してその輔導を頼まんとしてなも前詔は下せり。而るに旨を奉わり勅答を作るの人広相が阿衡を引くは已に朕の本意に乖《そむ》きたるなり…太政大臣自今以後《じこんいご》、衆務を輔け行い百官を統べ賜え。奏すべきの事、下すべきの事、先の如く諮稟《しりん》せよ。朕まさに垂拱《すいきょう》して成すを仰がん」との勅を発して事態の収拾を図った。広相は五日に、あらためて自説を「五条愁文」として奏したが、その後、出仕しなくなった。

十月十三日には広相の「作誤詔書所当の罪」についての勘申が命じられた。「奉昭宣公書」によれば、職制律《しきせいりつ》による詔書失錯罪相当か詐偽律による詔書増減罪相当かについて議論があり、十五日には詐偽律詔書増減条による罪名勘申が起草された。が、広相のことを深く心にかけた宇多が二十七日に基経に書を送って本懐を伝えたところ、基経は、自分は広相について何ら思うところはない。「先後の詔その趣一同なるかを疑い（同じからざるを疑い）、暫く官奏を覩《み》ず」。去る六月に「不善の宣命（宇多の本意と異なる勅答を広相が作ったとした六月三日の宣命のこと）」が出されたのは「当時の一失」であったと述べた。これにより、宇多は基経が広相の断罪を求めてはいないと判断し、罪名勘申が奏される前に、恩詔によって広相を免じたのである。

以上が、阿衡問題の顚末である。それを伝えるのは『政治要略』に引用された『宇多天皇日記』である。いささか記述が錯綜しているが、争点は明確で、仁和三年十一月二十一日詔（前詔）で宇多が基経に関白の職掌を与えたのに対し、基経が上表。それに対する閏十一月二十七日の宇多の勅答（後詔）に「阿衡の任」とあったことから、「阿衡の任」には典職はないので政務を見るべきではないという諸道博士の勘申がなされ、それを受けて基経が前詔の関白と後詔の阿衡の任の関係の明確化を求めたというものである。

この一件はこれまで、当時顕著になっていた儒者間の対立を背景に、基経の意を体した藤原佐世らが、宇多に近い橘広相起草の詔勅に論難を加えたことに端を発するが、事態の本質は意気盛んな青年天皇宇多が親政をめざしたのに対し、摂関政治の確立を意図する基経がこれを好機ととらえ掣肘を加えたものと解されてきた。確かに、基経がこだわりを見せ、儒者たちが勘申や対論を行った阿衡の職掌の有無が、現実にどれほど重要な意味をもつことであったのか。また、宇多が日記で、自身の本意は基経に関白の職掌を務めてもらうことにあり、それは基経も了解していたはずだと縷々述べていることや、その真意が基経に受け入れられず、源融の進言を入れて詔勅を改めざるをえなくなった時、「朕遂に志を得ず」、「濁世の事、是の如し。長大息すべきなり」と敗北感を露わにしていることなどからすると、老獪《ろうかい》な基経が宇多を屈服させたものと見えなくもない。しかし、『宇多天皇日記』はあくまで宇多の立場から書かれたものであることをふまえるなら、そこに吐露された宇多の口吻《こうふん》にとらわれることなく事態を見直す必要があろう。

まず、基経が疑義とした阿衡の典職の有無であるが、これについては、この時の諸道博士の勘申だけでなく、さかのぼって元慶八年（八八四）五月、光孝天皇が太政大臣の職掌を問うた時の勘申との関連も視野に入れる必要がある。元慶の勘申では、太政大臣は唐の三師三公に当たるとされ、それゆえ典職はないというのが大方の意見であった。今回問題となった阿衡は三公のこととされるから、阿衡に典職無しという藤原佐世らの主張は必ずしも基経に阿諛追従《あゆついしょう》した曲説とは言い難いのであり、従って基経の主張する前詔の関白と後詔の阿衡とが職掌の有無において相違するのではないかとの疑義も一定の妥当性はあると考えられるのである（長谷山彰「阿衡の紛議の一側面―事件の政治的経過及び菅原道真の法解釈をめぐって―」〈『駿河台法学』七―二、一九九四年〉）。

しかし、基経の主張も、今回のことのみに関して見れば一貫性があるといえるが、元慶八年時点まで遡ると、いささか問題を含んでくる。元慶八年六月、光孝が基経に関白の職掌を与えたのに対し、基経は上表して辞退したが、それに対する七月八日の勅答ではあらためて「其事事諮稟を命じ」、「如何ぞ阿衡を責むるに労を忍び疾を力《つと》むるを以てし、冢宰《ちょうさい》を役するに暑を侵し寒を冒すを以てせん」と述べられているのである。しかし、この時は阿衡は問題とされなかった。同じく関白の職掌についての詔勅への対応で、基経の態度が異なったのはなぜなのだろうか。

実は、基経が政務を見なくなったのは阿衡問題が起きたためではない。五月十五日奏状で基経は「去年八月より今日まで、未だ太政官申す所の政を奏さずと云々」と述べている。去年八月、つまり宇多即位以後、太政官から天皇への奏聞がなされていないというのであるが、それは基経が関白の職掌を務めなくなったことによる。では、なぜ基経は光孝から宇多への代替わりを機に関白の職掌を務めなくなったのだろうか。それは、関白のあり方について、明らかにしておくべき課題が存したためである。

摂政は幼帝に対するものであったから、本来なら天皇元服とともにその職掌は終わるべきものとの認識が、最初の摂政を務めた藤原良房とその補弼を得た清和天皇に既にあったことは先述した。一方、関白は成人の天皇に対するものである。では、成人の天皇の即位が続いた時、前天皇が与えた関白の職掌は代替わりを越えて継続するのかどうか。光孝から宇多への皇位継承はまさにそのことが問われた最初のケースであった。これについて基経は、宇多即位以後関白の職掌を務めないことで、光孝から与えられた関白の職掌は光孝一代限り、従って代替わりにともない前天皇から与えられた関白の職掌は終了したとの認識を示したのである。これに対して太政官は、光孝朝と同じように引き続き基経に「奏すべきの事、下すべきの事」を関かり白そうとした。光孝から宇多への代替わりに当たり、基経が関白を辞するとの意思表示はなされていなかったから、太政官としては関白の職掌は継続していると理解したのである。しかし、基経は関白の職掌は一代限りとの認識に立って奏事を見なくなった。そして、宇多もこの基経の認識に従い、即位儀の後にあらためて関白の職掌を与える詔を発した。これによって、関白はそれを命じた天皇に対するものであり、従って一代限りのものであることが明らかにされたのである。摂政・関白がいずれも一代限りのものであることを知っているわたしたちは、それが当初から既定のことであったように思いがちだが、幼帝に対するもの、従って天皇元服というその職掌の終期が明確であった摂政と異なり、関白の場合には宇多即位にともなう基経と宇多の対応によって、その職掌はそれを与えた天皇一代限りであることが明確にされたのである。

合わせて、既に指摘されているように、それは同時に関白の職掌が太政大臣の官と結びつくものではないことも明確にした。光孝は基経に関白の職掌を与えるに際し、まず太政大臣の職掌を勘申させた。それを受けて出された勅では、太政大臣の官に仮に職掌がなくともわざわざ断っており、そこからは太政大臣の官と関白の職掌が直ちに結びつくものではないとの認識がうかがわれるのだが、そこは曖昧《あいまい》さが残っていた。この点も、基経が太政大臣の官には代替わりと関わりなくあり続けながら、関白の職掌は代替わりにともなって務めなくなったことで、関白の職掌が太政大臣の官にともなうものではないことが明らかにされたのである〈坂上康俊「関白の成立過程」〈笹山晴生先生還暦記念会編

『日本律令制論集下巻』一九九三年〉)。なお、光孝・宇多の二代にわたって基経に関白の職掌が与えられたのは、いうまでもなく彼が前摂政(摂政経験者)であったからである。

ここまでは宇多と基経の間で見解の相違はなく、基経が宇多を牽制しようとしたわけでもなかった。本来なら、これ以後基経が宇多に対して関白の職掌を務めるはずであった。ところが、阿衡の文言が詔に用いられ、詔書起草者の橘広相をのぞく諸博士が一致して阿衡に典職なしとしたため、基経としては趣旨が異なる前後の詔のいずれが宇多の真意なのかを問わざるをえなくなったのである。そして、関白・阿衡いずれもが詔によって示されたのであるから、そのいずれを是とすべきかも、最終的には詔で示されるほかなかった。その意味では、源融が進言した詔書を改めるという対応は妥当なものであったといえよう。

阿衡問題と一括して称されている事態は、実は阿衡の語が登場するまでは何の問題もなかったのであり、しかも、その間の基経と宇多の対応を通じて関白のあり方が明確にされていったことこそ重要であった。しかし、そのことは、その後に起きた阿衡の職掌の有無をめぐる事態、すなわち語の真の意味での阿衡問題の陰に隠されてしまった。語の真の意味での阿衡問題は橘広相が阿衡の語を用いたことに起因したが、それは宇多にとっても基経にとっても何ら生産的な意味を持つものではなかったといえよう。しかし、いったん詔にその語が用いられた以上、それをうやむやにしてすませることもできなかったのである。

しかも、事態の収拾のために出された詔がさらなる問題を惹起した。それは詔において、宇多の本意は基経に関白として輔導してもらうことにあったのだが、基経の辞表に対して「旨を奉わり勅答を作るの人広相が阿衡を引くは已に朕の本意に乖きたるなり」と述べられたことによる。橘広相は天皇の本意に背く文意の勅を作ったと言明されたのである。それは律条に照らせば明らかに罪に問われるべきことであった。事態は、宇多はもちろんのこと、おそらくは基経も望まない方向へ、そして誰にとっても望ましくない方向へ展開せざるをえなくなったのである。

このように見てくると、語の真の意味での阿衡問題も橘広相断罪も、ともに詔勅のもつ重みによって起きたといえる。若い宇多にとって、それは苦い教訓となったであろう。

以上において、いわゆる阿衡問題が宇多と基経の対立的関係に起因するものではないことを明らかにした。あらためて宇多と基経の関係について述べるならば、宇多が即位以来一貫して基経に関白としての政務補佐を求めていたことは、宇多自身が繰り返し述べているところから明らかであり、少なくとも基経在世中に天皇親政を意図していたとは認めがたい。宇多が即位直後の仁和三年末ないし翌年初頭に意見封事《いけんふうじ》を徴召したことを天皇親政への意欲の現れとする見解があるが（所功「律令時代における意見封進制度の実態―延喜天暦時代を中心として―」〈古代学協会編『延喜天暦時代の研究』一九六九年〉）、封進された意見は天皇から公卿に示され、公卿議定《くぎょうぎじょう》を経て天皇の決裁により採否が決せられる。その過程では「奏すべきの事、下すべきの事」の一つとして、関白に諮られたはずである。時代はくだるが、天慶七年（九四四）に村上天皇によって徴召された意見封事について、関白藤原忠平が公卿議定での審議結果に目を通し、蔵人頭を通じて天皇に返却しているのはその例である（『貞信公記』天慶八年二月十九日条）。筆者は、宇多が政務に精励しようとしたことを否定するのではない。むしろ宇多も、父光孝同様、あるいは臣籍にあったものの即位という点では光孝以上に特殊な即位であったことは十分に認識していたであろうから、光孝が政務に精励することで天皇としての正当性を獲得しようとしたことに学び、関白としての基経の補佐を得ながら政務に精励したのである。天皇が政務に精励することと、関白がこれを補佐することとは、決して矛盾するものではない。加えて、宇多が践祚《せんそ》と同時に基経男時平を蔵人頭としたのは、基経との間の連絡を円滑にするためであったろうし、阿衡問題の最終盤で、基経の娘温子《よしこ》を入内《じゅだい》させ女御《にょうご》としているのも、阿衡問題で意に反してぎくしゃくした両者の関係を回復するとともに、両者の融和を貴族層に知らせるためでもあったろう。

諸書に引用されて断片的に残る『宇多天皇日記』からは、数少ない事例ながらも、宇多が基経に参議の職掌を尋ねたのに基経が答えていたり（寛平二年正月二十八日条）、光孝天皇法事八講に奉仕する僧侶の人選について基経が意見を述べていたり（寛平元年九月十五日条）、宇多主宰の曲水の宴に基経も参じてともに楽しんだりしている（寛平二年三月三日条）。なお、この曲水の宴には道真も参列し、島田忠臣や殿上人・蔵人で漢詩をよくする者とともに「三月三日」の題で献詩を行っている。そこで道真が詠んだのが「四時《しいじ》王沢《おうたく》を歌うを廃めず、長く詩臣の外臣と作るを断たん」の句を含む詩（324）

であった。その訴えは、宇多はもちろん、基経にも届くことを意識してのことであったと考えられるのである。あるいは、宇多は譲位に際して新帝醍醐に「遺誡」を与えたが、その中で「延暦の帝王」桓武の故事について基経から聞いた話を伝えている。また、寛平元年十一月二十一日に宇多が幣帛《へいはく》などを献じたのが嚆矢《こうし》となって十一月の下の酉《とり》の日を祭日とする賀茂臨時祭が始められるが、『宇多天皇日記』によれば、それは即位以前に賀茂大神が託宣によって他神と同様の一年に二度の祭りを欲し、秋の幣帛を宇多に嘱望したことによるという。当時の宇多が自分はそのようなことのできる立場にないと答えたところ、必ず可能になるとの答宣があったことも記されている（寛平元年十月二十四日・十一月二十一日条）。幣帛や走馬のことで基経に諮っていること（同十一月十二日・十九日条）や勅使に立ったのが時平であることからすれば、この祭祀の実現には基経も全面的に支持を与えていたと考えられよう。こうしたことからすれば、阿衡問題を機に基経が宇多を圧し、基経在世中は宇多が隠忍を余儀なくされたとの理解は成り立たないであろう。

「昭宣公に奉る書」

阿衡問題が起きた時、道真は讃岐で守の任期三年目を送っていたが、情報は都からの消息によって道真のもとにもたらされていた。次の詩は、阿衡問題についての感懐を詠んだものである。

憶諸詩友、兼奉寄前濃州田別駕　（263）

天下詩人少在京
況皆疲倦論阿衡
傳聞、朝延令在京諸
儒、定阿衡典職之論
巨明府劇官將滿
安別駕煩代未行
南郡旱災無所與
東夷獷俗有何情
君先罷秩閑多暇
日月煙霞任使令

天下の詩人　京に在る少なり
況んや皆阿衡を論ずるに疲れ倦《う》みたるをや
伝え聞く、朝廷在京の諸儒をして、
阿衡典職の論を定めしむと。
巨明府《こめいふ》は劇官《げきかん》将に満ちんとす
安別駕《あんべつが》は煩代未だ行われず
南郡の旱災に与る所無し
東夷の獷俗《こうぞく》に何の情か有らん
君先に秩罷めて閑にして暇多からん
日月煙霞《えんか》　使令に任せよ

真の詩人とも称すべき人で都にいるものはほとんどいない、しかも、都にいるものたちは阿衡を論じることに疲れて辟易《へきえき》しているのではないか、と詠み出し、その註で朝廷が在京の諸儒に阿衡の典職の有無を定めるよう命じたことを伝え聞いたとする。道真が真の詩人と認める人たちも、「巨明府」、越前守巨勢文雄《こせのふみお》は交替政（国司交替にともなう政務）がようやく終わる頃であり、「安別駕」、上野介安《あ》倍興行《べのおきゆき》は交替政がまだ行われてもいない。道真自身は讃岐国の旱魃に打つべき手もなく、（そのことに心を奪われて）東北の蝦夷の荒々しさ（不穏な情勢）にも気持ちが向かないと綴って、最後に「前濃州田別駕」、美濃介の任を終えた岳父島田忠臣に、時間がおありだろうから詩をお詠みくださいという。

首聯《しゅれん》には、阿衡問題に関わらざるをえなくなった都の儒者の労を憐れむ気持ちと同時に、むしろ自ら進んで渦中に身を置いている彼らを儒者・詩人としてあるまじきものとする思いも込められていよう。しかも、問題の詔勅を起草した橘広相も、阿衡に典職なしとした藤原佐世も父是善の門生であり、佐世とともに勘中に名を連ねた紀長谷雄は道真自身の門生であった。佐世については、藤原氏出身の儒者の始めとされ、基経家司《けいし》であったことから摂関権力と結びついた面が強調されるが、道真の娘を妻に迎えており、道真が讃岐へ赴任するに際しては佐世が餞宴を設け（185）、のちに佐世が陸奥守《むつのかみ》となって赴任する際には道真が餞宴で詩を贈っている（351・357、後藤昭雄「藤原佐世」〈同『平安朝漢文学論考　補訂版』初出一九七九年〉・「菅原道真の家系をめぐっての断章（二）」〈同『平安朝文人志』初出一九八七年〉）。佐世と道真の娘の間に道真外孫となる文行が生まれたのは寛平元年（八八九）七月であるから（「不睡」（308）による）、彼が第一子とすれば、佐世と道真娘の婚姻は前年の仁和四年であった可能性が高い。とすれば、それは阿衡問題の最中であったことになる。そうした時期に自らの娘と佐世との婚姻を認めていたとすれば、道真が佐世と距離を置いていたとすることは難しいであろう。いずれにしても、道真から見れば阿衡問題は同門の人々が相別れて対峙していたことになる。道真はそれを苦々しくも、残念にも思ったことであろう。

しかし、道真は、阿衡問題がその語の示すとおり阿衡の職掌の有無を問題にしていた段階では、自らそれに関与しようとしていない。讃岐にあった道真は、この問題について意見を求められたわけではなかったし、阿衡問題にとらわれることそのものが本来儒者・詩人のなすべきことではないという思いもあったからであろう。が、より重要なのは、これも既に触れたように、道真自身がかつて光孝天皇の命に応じた勘奏において、三師三公に典職無しと述べていたことである。それを撤回しない限り、道真が阿衡問題で発言するとすれば、その立場は藤原佐世らと同じにならざるをえない。事実、「奉昭宣公書」でも、「広相伊尹《いいん》の旧儀を採りて大府の典職に当つ。本義詩書と反乖せりといえども、新情自ら漢晋と冥会せり（広相が殷《いん》の伊尹の旧儀を基経の典職に当てたのは、詩経や書経に描かれたところとは合致しないが、後の漢や晋の時代のこととは符合する）」と述べているのである。しかし、それを言明することは宇多と広相をさらに窮地に追い込むことにしかならない。道真としては、阿衡の職掌の有無については口をつぐむよりほかになかったのである。

では、従来、道真が阿衡問題解決のため基経の自重を促したとされる「昭宣公に奉る書」（676）は、どのように理解すべきであろうか。

同書は、「信じて諫めざればこれを諛といい、過ちて改めざればこれを過という」という気負いを感じさせる書き出しで始まる。道真がこの書を認《したた》めたのが讃岐においてか都に戻ってからかは分からないが、讃岐からの一時的な帰洛そのものが基経にこの書を奉じるためであったと考えられている。書き出しに続いて阿衡問題の経緯と広相の罪名勘申が命じられたことに触れ、「先には已が業の為、次には大府（基経）の為」に残念に思うという。

「夫れ文を作る者、必ずしも経史の全説を取らず、邂逅《たまさか》にこれを取るといえども、或いは章を断ちて義を為す（文章を作る者は必ずしも本来の文意を正確にふまえて古典を引用するわけではなく、たまたま引用する場合にも、文章の一節を全体の意味とは関係なく用いるのである）」。橘広相の作った詔勅の文章も「異心」あってのものではない。もし今回のことで広相が罰せられるならば、同様に文章を作るであろう後代の人も罪を避けることはできないことになる。そうならないようにしようとすれば、文章を好む人は文を作るにあたって多くの故事典拠などを求めようとしなくなり、それでは「家学之人」、すなわち文章道を学ぶ人がいなくなってしまう。それは文章そのものがすたれてしまうことにつながる。文章道は「某（道真）父祖揚名《ようめい》の業、子孫出身の道、一朝停廃せんや、豈に哀しまざらんや。是其の已が業の為に悲しむ所のもの也」と述べる。

次に、「広相は当代のために立つる所は大功一、至親三」として宇多天皇に対する広相の功績を挙げる。大功とは、広相が内には宇多と婚姻を結び、外には侍読を務め、宇多の即位を祈って誠を尽くして祈請したことをいう。至親としては、一つは宇多と広相の娘義子との間に皇子二人があることから、広相はその外祖父に当たること、いま一つは広相が宇多の妻である義子の父であること、さらには、広相が娘義子を養子とした基経妹尚侍淑子は、宇多の「母事」でもあることによる淑子との関係を挙げる。

それをふまえ、「大府時に臨みて社稷《しゃしょく》の器たるも、いずくにぞ広相のごとき積日祈禱の功有らんや。大府位に居りて師範の儀たるも、いずくにぞ広相のごとき講授の労あらんや。大府大唯大臣の貴たるも、いずくにぞ広相のごとき家中皇子の親あらんや。大府摂政冢宰の臣たるも、いずくにぞ広相のごとき恩を承けて近習の故あらんや」と述べ、広相の宇多に対する功労親故《こうろうしんこ》を、基経の地位と果たしてきた職掌に対照させながら強調する。そうであればこそ、宇多が貴族や諸博士らの意見に圧されて暫く広相を遠ざけたとしても、宇多の本意はそれをよしとするものではないから、広相は基経にひそかな怨みを抱き、宇多も基経にうわべだけよく接することになってしまうであろう。それは基経のためによくない。

ところで、藤原氏の功勲は高く公卿を輩出したが、近年は衰え気味で、「位高く徳貴きは年歯衰老せり。年壮にして才聞こゆるは位望卑微《いぼうひび》なり。非常有りといえども人の備うべきなし。不虞《ふぐ》有りといえども士の謀るべき无し」。それに対して広相は才智謀慮、親故功労ある者である。明察あって、そのような広相の怨みの的となることも、広相を追い落とす中心となることもないようにしていただきたい。「是大府の為に悲しむ所のもの也」。

なお、広相は父是善の門生であるが、しかしこれまで広相が道真のために恩恕を施してくれたことはない。これは魏文帝が典論論文でいうところの「文人相軽んず」、文人は互いに軽んじあうという類のものである。従って、いま私が述べきたったことも（広相のためではなく、広相が罪に問われることで）文章道が衰えてしまうことにたえられず、愚かな言辞を呈したのである。

いま進められている罪名勘申では、職制律による詔書失錯罪と詐偽律による詔書増減罪が論じられている。詔書失錯は失誤して詔書の主旨を違えた場合であるが、広相は詔を作るに際して天皇の命と異なる内容のものにしたのではない。詔書増減は勅命によらずみだりに詔書を作った場合であるが、広相は勅命を奉じており天皇の意を違えたのではない。とすれば、広相の罪はいずれの法条にも該当しないことになり、因准によって罪を決することになる。その場合、罪は軽くなり、広相の憂いもなくなるであろう（ここで道真が述べた法理に難点があることは、長谷山前掲論文に指摘がある）。

であるならば、基経が罪名勘申に先立って寛仁を施す命を出し、諸公卿が早く断罪の命をとどめてほしい。もし、やむをえないのであれば、詐為詔書の律条を用いず、邪臣放逐の議をもってしてほしい。断ずべくして断ぜざれば、還りて其の咎《とが》を受けんとは古人もいうところである。変が生じた後で後悔しても及ばないことを恐れる、として結んでいる。

この書は、とくに基経と対比させるようにして広相の功と親を論じたところや、藤原氏の勢力が以前に比すれば衰え気味であるとの直言などに、基経を憚ることのない道真の真摯な姿勢がうかがわれるとされてきた。筆者もそれについて異論はない。が、確認しておきたいのは、この書は阿衡問題の核心ともいうべき阿衡の典職の有無について論じたものではないことである。それについての道真の認識は、詩書に照らせば広相の理解は誤っているというものであった。では、この書は何を意図したものであったのか。既に追ってきたその内容から明らかなように、これは橘広相の断罪を忌避すべきことを基経に訴えたものであった。そのことは既に早く、藤原公任《きんとう》が「其の書事の理非を言わず、唯此の人罪せらるべからざるの旨を陳ぶ」（『北山抄』一〇、吏途指南）と述べていた通りである。そして、道真がそうした主張を展開した理由は、広相が今回のことで罪されるならば、今後文章の作成に当たるものは萎縮し、文章道、さらには文章そのものの衰退をもたらすとの危惧であった。その意味では、「広相の弁護としてのみならず、学者一般の生命の保護のために、堅固な防塁を築いたものであ」り、「三代の家学をうけ、文人社会の頭首としての自覚のもとになされた堂々たる意見」（坂本太郎『菅原道真』）との評価は正鵠を射ていよう。ただ、筆者はそれを認めつつも、やはり道真の真意は菅家の門人である広相の擁護と、同門の門人が相対峙する不幸な事態の収拾を願うことにあったと考える。

加えて、道真が基経にこうした内容の書を呈したのは、すでに第Ⅱ章第1節で触れたような両者の関係が前提になっていることも想起する必要があるだろう。基経に敢然として挑むというよりは、道真にすれば、この書に込めた真意を基経がくみ取ってくれるであろうことを疑っていなかったと解するべきであろう。基経と広相を対照させつつ、広相の功と親について述べたくだりも、基経が「社稷の器」・「師範の儀」・「大臣の貴」・「冢宰の臣」であることをふまえて述べられており、基経の存在の大きさを否定しているのではない。先に、道真娘と藤原佐世の婚姻が阿衡問題の時期と重なる可能性を指摘したが、佐世は既に基経家司であったから、この婚姻に際しても、道真が佐世の仕えていた基経の存在を意に介していなかったとは考えがたいのではないだろうか。

なお、基経が実際にこの書に目を通したのかどうかは確かではない。時期的なことからすると、これが仮に基経に呈されていたとしても阿衡問題の収束にどの程度の意味を持ったかは定かではないともされる（弥永貞三「菅原道真の前半生」〈『日本人物史大系　第一巻古代』一九六一年〉）。とはいえ、この書はそれによって知ることのできる事実を含み、また阿衡問題についての道真の認識を知る上でも、貴重な史料であることはいうまでもない。

Ⅳ

恩沢の身を繞りて来る

国政を担う

17 — 宇多法皇・醍醐天皇と菅原道真（『北野天神縁起絵巻』巻三）
縁起では，朱雀院に行幸した醍醐天皇（左）が宇多法皇（右）と議し，右大臣道真（手前）に政務を委ねようとした．道真は上席の左大臣時平をはばかって辞退したが，これが時平の知るところとなり，讒奏の原因となったとする．

1 寛平の治

道真、公卿となる

寛平二年（八九〇）春、讃岐守の任を終えて帰京した道真は、交替政を終えるまでは表だって知己《ちき》に会うことを控えていたが（327）、帰京後まもない三月三日の曲水《きょくすい》の宴《えん》にはとくに召されて詩を献じている（324）。その年には九月九日重陽宴（328）、閏九月二十九日密宴（336）において、また当時宇多《うだ》天皇が在所としていた雅院《がいん》で（337）、十月二十一日は禁中初雪に際して（339）、宇多の命に応じて詩を献じている。讃岐赴任以前の献詩が内宴・重陽宴といった公事《くじ》としての宮廷詩宴におけるものがほとんどであったのに対し、これ以後はそれに加え、宇多に近侍する中で（昇殿を許されたことが（338）の題注から知られる）、時々の命に応じて詠んだ詩が現れてくる。そこからは、かつて自負したように公事としての宮廷詩宴で王沢《おうたく》をうたいあげる詩臣としての活動の本格的展開とともに、詩を通じて宇多との関係を深めていった様子をうかがうことができる。

それは、道真が宇多に登用されていったことの反映にほかならない。宇多は、そもそも天皇になることが予定されていなかったから、即位以前からの近臣といえるものをほとんどもたなかった。また、母は桓武天皇皇孫であったから、後ろ盾となるべき外戚氏族もなかった。従って、即位後、自ら近臣を形成していかなければならなかったのである。宇多が「朕の博士」と称した橘広相《たちばなのひろみ》は、その娘を妻に迎えて姻戚関係を結んだことも含め、宇多が近臣とした一人であった。広相は阿衡《あこう》問題後も宇多によく仕えたようで、蔵人《くろうど》の勤務マニュアルというべき『蔵人式《くろうどしき》』を編纂したとされるが、寛平二年五月に没した。道真は、あたかも広相に代わる存在として登用された感がある。広相と同じ文章道出身で文章博士を務めたことなどから、宇多は広相に期待した役割を道真に求めたのではないだろうか。道真と広相は元慶八年（八八四）五月から仁和四年（八八八）まで、ともに文章博士を務めていた。道真より八歳年長の広相は、清和《せいわ》朝に蔵人となり、以後、太政官事務局《だいじようかん》の弁官《べんかん》と蔵人頭を務めて光孝《こうこう》朝に参議《さんぎ》に任官し、公卿に列なっていた。道真はこの後、同様の官歴を広相より短い期間に経て官途《かんと》を進んでいくことになる。

ところで、道真は無官であった寛平二年冬、藤原基経《ふじわらのもとつね》に関わる二件の勅を起草している。一つは十月三十日に基経の病気平癒のため三〇名の度者《どしゃ》（出家者）を賜り、罪人を赦す赦令が出されたことについての基経の謝辞に答えた勅（574）であり、いま一つは、宇多が病に伏せる基経を邸第に見舞おうとしたのを基経が辞したことに対する勅答（573）であった。その中で「公は朕の身を託し命を寄す所也」（573）、「国家の庶務、公に関かり申し、朕自ずから成るを楽しみ、業は己を忝のうするに在り」（574）と述べられているのは単なる文飾ではなく、宇多にとっても道真にとっても実感であったであろう。基経は十二月十四日に関白を辞する上表を呈した。宇多はこれを認めなかったが、それからひと月後の寛平三年正月十三日、基経は五六歳で没した。陽成《ようぜい》朝に摂政を務めて以来、光孝・宇多朝には関白として天皇を補佐してきた基経の死去は、宇多とその朝廷にとって柱石の喪失であった。この後、宇多は譲位まで関白を置くことなく、親政を行うことになる。かつては、これを摂関政治成立に向かう中で天皇親政を維持したものと解していたが、関白は本来、前摂政（摂政経験者）への優遇措置であったから、摂政経験者がいなければ任じられないのであり、天皇の親政への意欲とは関係ない（坂本賞三前掲「関白の創始」）。基経の死去は、宇多に基経の存在の重みからの一種の解放感をもたらした面もあったであろう。しかし、それは宇多が関白の補佐を得ることなく、自ら政務の決裁に当たらなければならないことを意味した。寛平の治と称される宇多親政の始まりである。二月十九日、宇多が即位以来居所としてきた東宮から内裏に遷ったのはそれを象徴していよう。

三月十九日には基経没後の廟堂の充実を意図して、右大臣・大納言一名・中納言三名・参議二人が任じられている。道真がその二〇日ほど前、二月二十九日に蔵人頭に任じられたのも、その一環であったと思われる。道真は、宇多の践祚《せんそ》以来蔵人頭を務めていた藤原時平《ときひら》が前年十一月に従三位になって職を去った後をうけてその任に就いた。

蔵人は、もとは内裏校書殿納殿の管理・出納にあたっていたが、平城太上天皇の乱に際し、嵯峨天皇と太政官以下諸官司との連絡を機密を守りつつ迅速に行わせるため、太政官事務局の弁官や、天皇と内裏の守衛に当たる衛府、文官人事を扱う式部省、詔勅発給にあたる中務省の官人などを蔵人とし

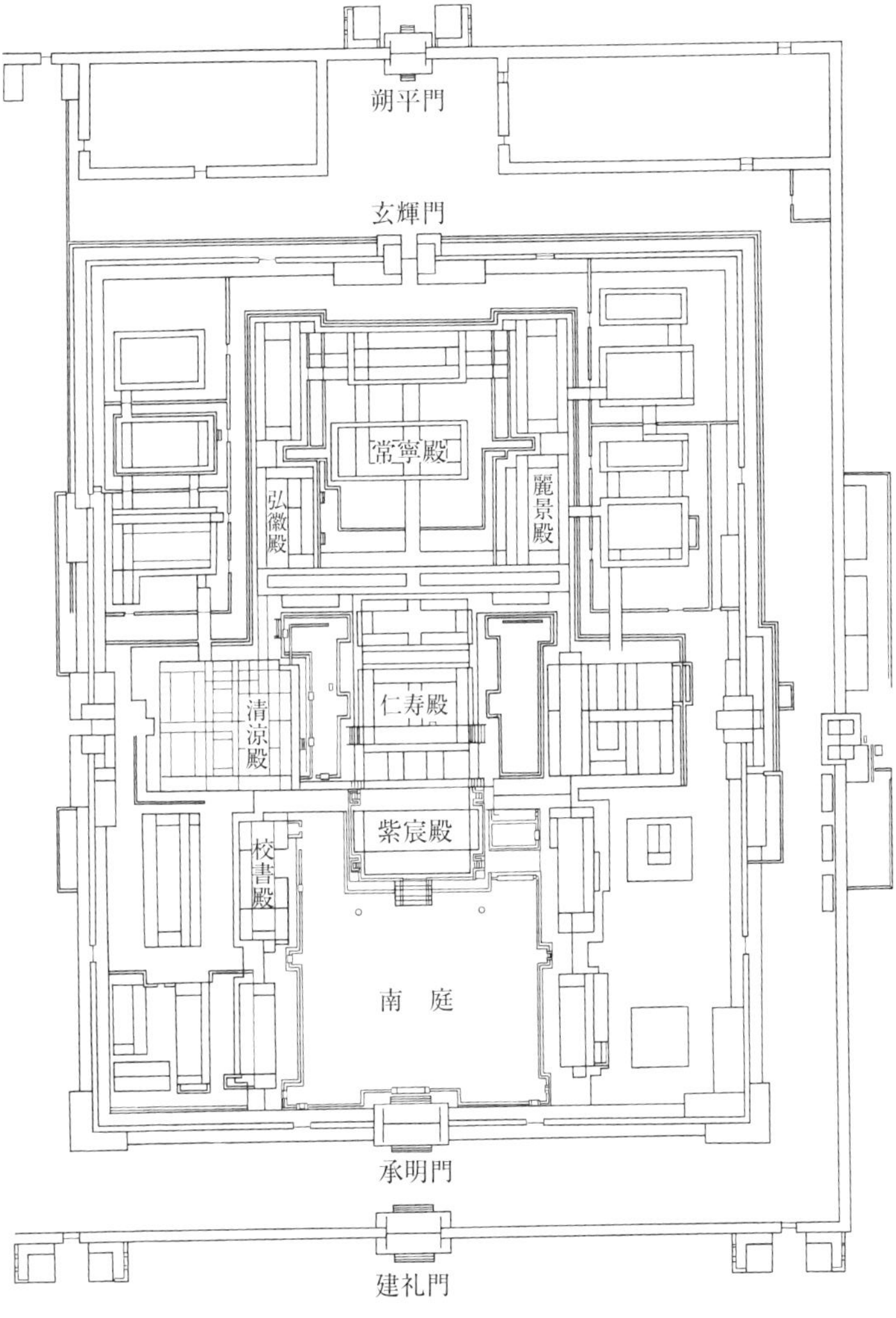

18—内裏図

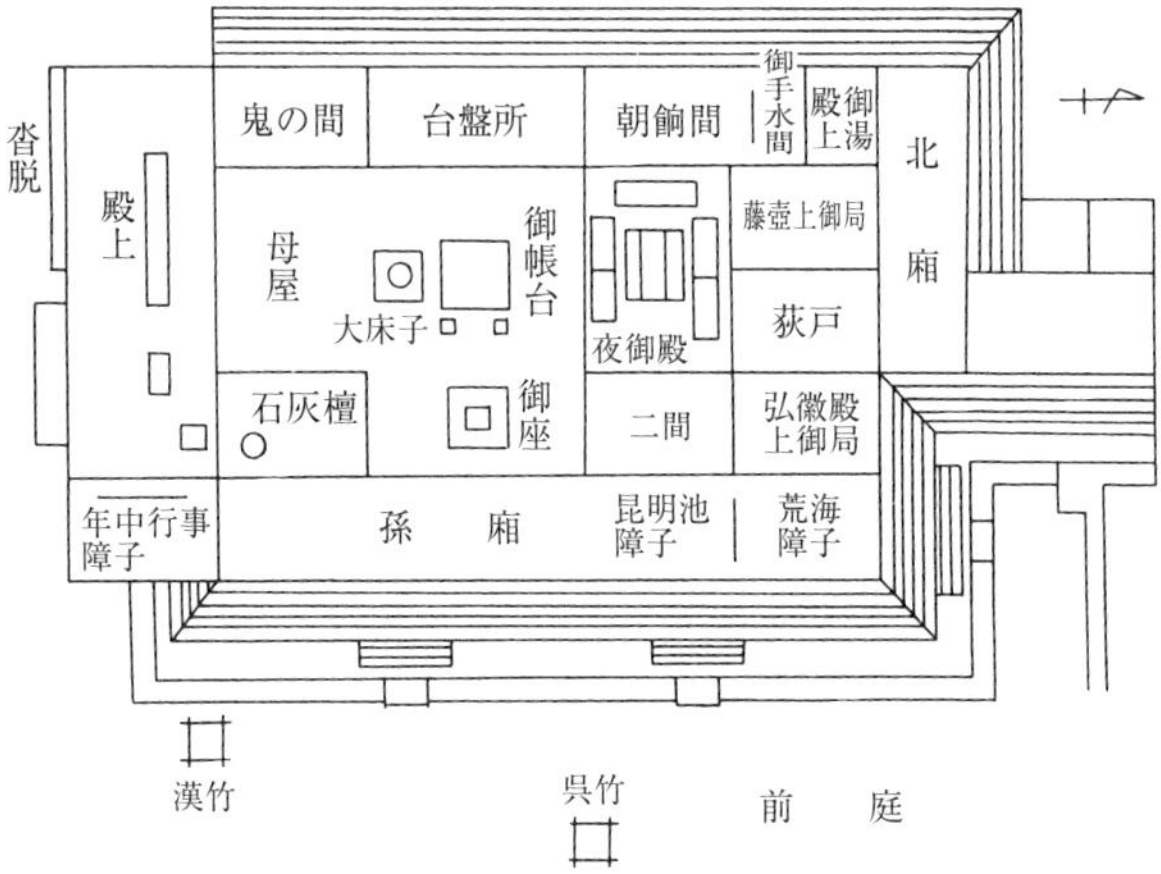

19—清涼殿平面図

て天皇に近侍させたことから重要性を増し、十世紀以降は天皇と太政官の間の連絡に当たる秘書官、自らも陪膳《はいぜん》・宿直《とのい》など天皇の身辺雑事に奉仕する近侍者であるとともに同様の任に当たる殿上人の統括、内裏殿舎の管理と蔵人所主催の諸行事の運営、それらに必要な財源の確保などをその職務とするようになった。蔵人頭は蔵人所長官で天皇の秘書官長であり、定員は二名。のちにはそれぞれ弁官と近衛中将から任じられることが多くなり、頭弁・頭中将と称された。蔵人頭から参議に昇ることが例となって公卿への昇進ルートに位置づけられ、公卿となるにふさわしい家柄の者が選任されるようになっていく。ただし、蔵人頭も蔵人もあくまで天皇と摂政・関白、太政官との間の忠実な取次役であり、天皇側近として権力を握ることはなかった。

宇多朝は、機構的にも、職掌においても蔵人所の充実が図られた時期にあたる。それは一つには、内裏が本来の天皇の生活空間にとどまらず、政務や儀礼の場として用いられることが定着していったことによる。天皇が清涼殿《せいりょうでん》を日常の居所とすることが定着するのは宇多朝であり、プライベートな性格を有する清涼殿と、内裏正殿《せいでん》の紫宸殿《ししんでん》が機能を分かちながら用いられるようになっていく。

いま一つは、先に触れた宇多が即位後に近臣を形成することを求められたことに関連して、殿上人という近侍者が新たな身分として作りだされたことによる。殿上人は四位・五位の官人の中から天皇によって指名されて清涼殿殿上の間への伺候《しこう》（昇殿）を許され、蔵人頭・蔵人の指揮のもと、天皇の身辺雑事への奉仕にあたるとともに、さまざまな儀礼に殿上人の資格で参列して儀礼に荘厳と華麗さを加えた。

律令国家においては、まず天皇から位階を与えられることで天皇との君臣関係に入り、さらに官職を与えられることで国家機構に配置され、その官職の権限と責任を担うことで国家という機構を介して天皇に奉仕することになっていた。これは第Ⅲ章第1節で触れた天皇の二つの役割に対応する臣下としての貴族・官人の二つのあり方である。律令国家以来の位階と官職、それを通じた天皇との関係・奉仕のあり方は存続させたまま、天皇とのより個人性の強い人格的結合によって貴族・官人層から選ばれたのが殿上人であった。そのことは殿上人に選ばれるためには四位・五位の位階を有していること、従って、ほとんどの場合官職に就いていることが前提となっていることに明らかである。律令国家に由来する天皇と貴族・官人の関係と、新たに形成された天皇と殿上人との関係はその原理において異質なものであり、だからこそ両者はこの後も長く共存していったのである（今正秀「王朝国家宮廷社会の編制原理―昇殿制の歴史的意義の再検討から―」〈『歴史学研究』六六五、一九九四年〉）。

蔵人所長官への任命は道真にとっては抜擢であったが、それだけに道真の心は揺れたようである。任命の翌日の日付をもつ辞表（599）では、「近代の例を検するに、天安（文徳朝）藤原良縄《よしただ》、貞観（清和朝）藤原家宗《いえむね》・同山陰《やまかげ》、仁和（光孝朝）平正範《たいらのまさのり》・藤原有穂《ありほ》・源元（不詳）、当代（宇多朝）藤原時平・同高経《たかつね》・源希《まれ》（源湛の誤りか）など、或いは潢流より出で、或いは鼎族に生まる。その徳たるや芝蘭（君子）の種を守るに堪え、その威たるや鸞鳳《らんほう》（賢人）の群を率いるに足る。未だ凡夫懦士の能く此の任に当たり、以て其の名を遺す者あらず」と、これまでの蔵人頭任官者に比して自らの出自の低いことを述べている。しかし、それに対する宇多の勅答は、辞するのであれば替わりの人を推挙してからにせよ、「早く職掌に従い、闕怠《けつたい》することを得ざれ」というものであった。

加えて三月九日には式部少輔に再任され、さらに、四月十一日には左中弁を兼ねて太政官政務に関与することとなった。四月二十五日付けの二度目の蔵人頭辞表（600）では、この新たな二つの官職が「分に過ぎ、涯を踰《こ》ゆ」るものである上に、「滝口撰書の所に直し、御前侍読の喚《め》しに候ず」るため兼任することは困難だと述べている。道真がここでも自らの出自を気にかけていることは注目しておいてよい。

もちろん、道真の辞意は認められることはなく、二年間にわたって蔵人頭を務めることになる。次の詩は蔵人頭在職中のものである。

冬夜、呈同宿諸侍中　(359)

幸得高躋臥九霞
通宵守禦翠簾斜
御溝砕玉寒聲水
宮菊殘金曉色花
共誓生前長報國
誰思夢裏暫歸家
侍中我等皆兄弟
唯恨分襟趁早衙

幸に高く躋《のぼ》ること得て九霞《きゅうか》に臥す
通宵《よもすがら》守禦《しゅぎょ》して翠簾《すいれん》斜なり
御溝《みかわみず》は玉を砕きて　寒《さ》えたる声の水
宮の菊は金を残して　暁の色の花
共に誓う　生前に長く国に報いんことを
誰か思わん　夢裏に暫く家に帰らんことを
侍中の我等　みな兄弟
ただ恨むらくは　襟を分ちて早衙《そうが》に趁《おもむ》かんことを

自らの出自に照らして蔵人頭はふさわしくないとしながらも、その職にあっては同僚の蔵人たちと国家への奉仕を誓いあっているところは、国司を祖業にあらずといいながら、讃岐守として精励した姿を思い起こさせよう。

こうして道真の身辺がにわかに慌ただしくなってきた年の秋、岳父島田忠臣《しまだのただおみ》が没した。

哭田詩伯　(347)

哭如考妣苦飡茶
長斷生涯燥濕倶
縱不傷君傷我道
非唯哭死哭遺孤
万金聲價難灰滅
三徑貧居任草蕪
自是春風秋月下
詩人名在實應無

哭くこと考妣《ちちはは》の如く　茶《にがな》を飡《くら》うより苦し
長く生涯燥湿《そうしつ》を倶《とも》にするを断ちたり
縦い君を傷《いた》ばずとも我が道を傷ぶ
唯だ死を哭《な》くのみに非ず　遺孤《いこ》を哭く
万金の声価灰と滅《き》えがたし
三径の貧居　草の蕪《あ》るるに任す
是れより春風秋月の下
詩人の名のみ在りて　実まさに無かるべし

忠臣は幼い道真に詩作の手ほどきをし、父是善に学んだ菅家門生として、また岳父として、道真の人生の歩みとそれによって形成されたその人格を理解しつつも、貴族社会における道真の位置と自らのそれとの相違を十分に認識して、おそらくは控えめに接していたであろうと思われる。この詩からは、忠臣の死を心から悼む思いが伝わってくるが、それは詩題で忠臣を「詩伯」と呼んでいることに表されているように、道真にとって数少ない「詩人」として認める人物を失ったことによるのであった（後藤昭雄「忠臣・道真・長谷雄」〈同『平安朝漢文学論考　補訂版』初出一九七七年〉。滝川前掲「島田忠臣の位置」）。

翌寛平四年正月、道真は従四位下に叙され、十二月にはさらに左京大夫を兼ねた。そして、寛平五年二月十六日、参議となって公卿に列なった。時に四九歳。父是善が菅原氏から初めて参議となったのは六一歳であった。蔵人頭は離れたが、式部少輔から式部大輔となり、まもなく、左中弁から左大弁に移って弁官局のトップに立つことになった。道真はその職務に追われる様子を、「半百　行年老い、尚書《じょうしょ》（弁官）庶務繁し、風月を楽しまんと思えども、丘園《きゅうえん》に到ることを放《ゆる》されず」（437）と詠んでいる。さらに、十二月には官人の交替時の監査に当たる勘解由使《かげゆし》長官をも兼ねることになった。

讃岐守以後の道真の官歴については、蔵人頭に登用されたことで宇多近臣として歩むことになったことと公卿への登用がもっぱら注目されているが、左中弁・左大弁を合わせると六年間にわたって太政官政務の事務中枢に位置したことで、当該期の国政全般にわたって視野を開き、認識を深めていったこと、二年弱の勘解由使長官時代に国司の交替政を通じて中央政府と国司の任国支配との関係をいかにすべきかについて、自らの国司経験をもふまえながら考えることになったであろうことは、その後の道真の公卿としての政策提言の背景として重要である。また、この頃、宇多の命を受けて『日本三代実録』の編纂に関わるとともに、六国史《りっこくし》の記事を項目に従って分類・配列した『類聚国史《るいじゅうこくし》』二〇〇巻を編纂している（365）。史書編纂・類聚を通じて知りえたさまざまな旧例も政務に資することになったであろう。寛平五年九月には、和歌を万葉仮名《まんようがな》で表記し、一首ごとにそれにもとづいて詠んだ七言絶句を配した『新撰万葉集《しんせんまんようしゅう》』を撰進したとされる（『日本紀略』）。

遣唐大使任命と派遣再考建議

寛平六年（八九四）八月二十一日、道真は遣唐大使《けんとうたいし》に任じられた。遣唐使は、中国王朝を頂点とする東アジア国際秩序に参入し、その中に日本律令国家を位置づけるために派遣された。六三〇年の第一回派遣に続く七世紀半ばの遣唐使は、唐の成立とその介入による朝鮮半島情勢への激動に対応するための派遣であったが、百済《くだら》・高句麗《こうくり》の滅亡後、倭からの遣唐使派遣はとだえる。三〇年ほどの空白ののち、七〇一年に任命され、翌年唐へ渡った遣唐使は、大宝律令《たいほうりつりょう》の制定と新たな国号「日本」の採用、すなわち律令国家日本の成立を告げることが目的であったとされる。その後、八世紀には概ね一五年から二〇年に一度派遣されており、それはほぼ天皇一代に一度に当たっている。

唐と日本の関係はそれぞれの国家を対外的に代表する君主、すなわち唐皇帝と日本天皇との関係として表されたが、それは日本天皇が唐皇帝に臣礼をとって朝貢《ちょうこう》するというものであった。五世紀までは朝貢するだけでなく、中国皇帝から倭王への冊封《さくほう》を受けていたが、遣隋使《けんずいし》派遣に際して朝貢はするが冊封は受けないこととした。そうした方針の転換の背景には、朝鮮半島諸国との関係があったとされる。倭国は中国王朝に朝貢する一方、朝鮮半島諸国からは朝貢を受ける国として自らを位置づけようとした。その場合、朝鮮半島諸国は中国王朝に朝貢し冊封を受けていたから、それらの国々と倭国の差異性を中国王朝との関係において表現するため採用されたのが朝貢はするが冊封は受けないというあり方であった。こうして成立した、唐には東夷の一国として朝貢する一方、諸国を朝貢させる東アジアの古代帝国唐にならって新羅《しらぎ》を朝貢させようとする日本律令国家のあり方を、研究上「東夷の小帝国」と称している。それは、唐や新羅との関係において自らをいかなる国家と位置づけるかという日本律令国家の国家像・国家理念の表現にほかならない。のちに渤海《ぼっかい》が使者を派遣してくると、日本は渤海をも朝貢国として位置づけた。しかし、実際には新羅が日本との対等な関係を求めてきたため、奈良時代の日本・新羅関係はしばしば緊張し、唐・渤海関係の緊張とも連動しつつ、日本は二度にわたって新羅侵攻を準備した（石母田正『日本の古代国家』一九七一年。山尾幸久「遣唐使」〈『東アジア世界における日本古代史講座第六巻　日本律令国家と東アジア』一九八二年〉。鈴木靖民『古代対外関係史の研究』一九八五年）。

20—遣唐使船（『吉備大臣入唐絵巻』）

が、宝亀十一年（七八〇）、前年来日の新羅使の帰国に際し、日本側から一方的に新羅との関係解消が通告され、新羅使・遣新羅使の往来による日本と新羅の国家間の関係は途絶えることとなった（下向井龍彦「光仁・桓武朝の軍縮改革について—律令軍制の解体と律令国家の変容—」〈『古代文化』四九—一一、一九九七年〉）。九世に入ると、遣唐使も桓武朝の延暦二十三年（八〇四）と仁明朝の承和五年（八三八）渡海の二度しか派遣されなくなるが、対新羅関係の途絶が唐との関係の重要性を低下させたこともその一因であろう。

寛平の遣唐使派遣計画は、承和以来六〇年ぶりのことであった。この遣唐使派遣がなぜ計画されたのか、また、なぜ派遣されなかったのかについては多くの研究があるが、それについて考える場合の史料は、『文草』に収められた道真の手になる二通の文書である。一つは寛平六年七月二十二日の「勅を奉わりて太政官のために在唐日本僧中瓘《ちゅうかん》に報ずる牒」（633。以下、「牒」）、いま一つは同年九月十四日の「諸公卿をして遣唐使の進止を議定せしむることを請う状」（601。以下、「状」）である。なお、中瓘は元慶五年（八八一）に高丘《たかおか》親王が羅越《らえつ》国で死去したことを唐から伝えてきており（『日本三代実録』同年十月十三日条）、延喜九年（九〇九）には在唐の中瓘宛て太政官牒への請印《しょういん》が行われていることから（『日本紀略』同年二月十七日条、『扶桑略記』二三裡書同日条）、少なくともこの間の三〇年前後唐に滞在し、折に触れて情報を送ってきていた留学僧である。

さて、「牒」では、中瓘が久しく続いた黄巣《こうそう》の乱《らん》による兵乱も今はやや安定していること、温州《うんしゅう》刺史朱褒《しゅほう》が使者を日本に派遣しようとしていることを伝えてきたとし、これに対する宇多の勅答が示されている。それは、朱褒については、「黄巣の乱以来の混乱の中で朱褒が地域支配を全うしており、皇帝からその忠勤を賞されている」との来日した唐商人の言を引いて高く評価しながらも、その使者派遣については「旧典」、すなわち人臣に境外の交わり無しという外交原則に照らして受け入れ難いとする。一方で、遣唐使派遣の「朝議《ちょうぎ》」がすでに定まったが、近年災害続きで準備を整えることが難

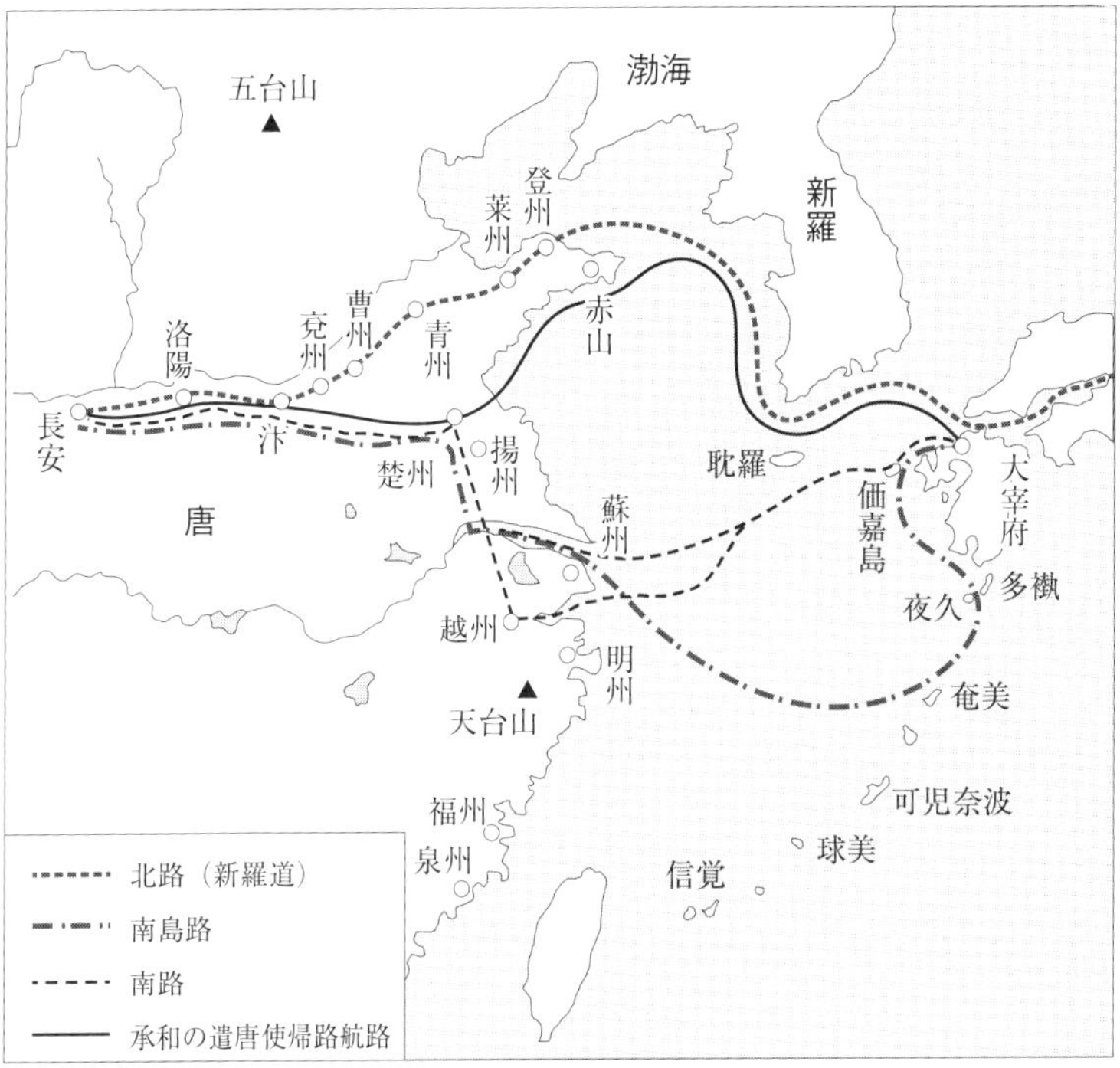

21―遣唐使航路図

しく、派遣までに年月を要するであろうとし、朱褒から問われたらその旨を答えるようにと命じている。

一方、「状」では、「中瓘が去年三月唐商王訥《おうとつ》に付してもたらした録記によると、唐の彫弊の様子が詳しく載せられている。さらに中瓘は朱褒から「不朝之問」、すなわち日本からの使者が派遣されてこないことについて尋ねられたが、中瓘自身は「入唐の人を停めよ」と述べている。道真らが旧記を調べたところ、これまでの遣唐使の中には渡海の途中で命を落としたり、遭難・漂着した地で「賊」に殺されたりした者はいたが、唐到着後の「難阻・飢寒の悲しみ」（旅路を阻まれたり、飢えや寒さに苦しんだりすること）はなかった。しかし、中瓘の知らせてきたところによれば、これまでになかった「難阻・飢寒の悲しみ」が起きることもありうる。願わくば、中瓘の録記を公卿・博士に下し、遣唐使派遣の可否を定めてほしい。これは国家の大事を思うからであり、ただ自分たちの身の安全のためではない」と述べている（「牒」・「状」の理解については石井正敏「寛平六年の遣唐使派遣計画について」〈中央大学人文科学研究所『情報の歴史学』二〇一一年〉）。

以上のように、道真は「牒」では遣唐使派遣が決定したことを述べているのに対し、「状」では遣唐使の派遣そのものの見直しを求めている。わずか二ヵ月ほどの間に道真が正反対のことを述べており、しかもいずれもが中瓘の録記を根拠にしていることなどが問題とされてきた。が、「牒」は勅すなわち宇多の命を中瓘に伝えるために太政官が発給した文書で、道真は太政官事務局である弁官局の最上首左大弁《さいじょうしゅ》としてその作成にあたったのであり、そこに道真自身の意図を読みとるのは正しくない（増村宏『遣唐使の研究』〈第四編、一九八八年〉。山尾前掲論文）。また、同じ中瓘のもたらした情報が、遣唐使派遣決定と派遣停止建言という相反することの根拠とされているのは、中瓘が伝えた唐の状況について、「牒」のように黄巣の乱による混乱が一頃に比べれば落ち着いてきたということに重点を置いて解するか、「状」のようにそれでも唐到着以後の困難も予想されるととらえるかの違いによるのであり、それは遣唐使派遣の是非についての立場による（山尾前掲論文）。

道真の手になる「牒」・「状」についての以上の理解をふまえるならば、遣唐使派遣決定は、それを述べる「牒」が宇多の勅を奉じて作成されていることから、宇多自身の意向と考えてよいであろう（山尾・石井前掲論文）。そしてそれは、直接には温州刺史朱褒が「不朝之問」を告げ、さらに日本に使者を派遣しようとしているとの中瓘がもたらした情報を契機としたものであることも、これまで指摘されている通りであろう。その場合、朱褒の使者派遣の意図は定かではないが、重要なことは、宇多が朱褒の使者については「旧典」に照らして受け入れ難いとした上で、遣唐使派遣を決定していることである。遣唐使派遣は確かに朱褒の「不朝之問」を契機とするものではあったが、宇多の意図は朱褒との交通ではなく、あくまでも唐皇帝のもとへの使者派遣であった。このことは、遣唐使ゆえに自明のこととされたからか、これまでの研究ではあまり強調されていない。道真が「状」で旧記に拠って説く渡海中の危難については宇多も知っていたであろう。が、それは遣唐使派遣に際して避けることのできないものであり、それを問題とするならばそもそも遣唐使そのものがありえない。しかも、このたびは朱褒という受け入れ側の窓口が開いたのである。宇多は唐土に到着しさえすれば、それ以後の行程は朱褒によって保障されることを期待したのではないだろうか。「牒」で唐商人の言をわざわざ引用して、朱褒が唐皇帝からも賞されていると皇帝との関係に言及していることの意味も、このように考えれば理解できよう。道真が「牒」において、中瓘録記を公卿・博士に示して遣唐使派遣の是非を論じさせてほしいと述べていることからすれば、派遣決定の「朝議」では中瓘録記は公卿らに示されないまま（山尾前掲論文）、唐状況の安定の兆しと受け入れ窓口としての朱褒への過大ないし安易な期待の上に立った宇多の論理が展開されたと推察される。

こうして遣唐使派遣を決定した宇多の意図が、遣唐使派遣によって天皇大権の一つである外交権を行使することで、天皇としての自らを全《まった》きものにしようとしたところにあったことはこれまでにも指摘されているが（山尾・石井前掲論文）、加えて、この前の遣唐使が仁明朝に派遣されていたことも、宇多が遣唐使派遣を企図した重要な一因であったのではないだろうか。光孝・宇多の即位事情については前章で述べたが、それは仁明―文徳―清和―陽成という皇統から、仁明―光孝―宇多という皇統への移行であった。宇多にとって仁明は自らにつながる直接の始祖ともいうべき存在であり、承和年号に象徴される仁明治世は範とすべき時代であった。その仁明朝に行われた遣唐使派遣に宇多が強い関心ないし意欲を示したと考えることは、あながち無理なことではないであろう。同時に、文徳―清和―陽成朝に遣唐使が派遣されなかったことも、逆の意味で宇多に遣唐使派遣を意識させたであろう。その三代の天皇がなしえなかったことをなし遂げることで、仁明系皇統の正統な継承者として自らを位置づけることが可能になると考えられるからである。このように解するならば、寛平の遣唐使派遣は朱褒の「不朝之問」を直接の契機としたものではあるが、従来指摘されているような受け身の、従って派遣する日本側に必要性があってのものではないという理解は再考を要しよう。

宇多近臣であった道真が、以上のような宇多の意図を知らされていなかったと考えるのは難しい。むしろ、宇多の意図を知るがゆえに、道真としても端から異を唱えることは控えざるをえなかったのではないだろうか。こうして道真は「牒」の作成に当たったのである。

しかし、道真は中瓘自身が遣唐使派遣をするべきではないと述べていること、それを念頭に中瓘が伝える唐の「彫弊」を見れば、仮に派遣したとしても、宇多が企図する唐皇帝への朝貢は極めて困難であると判断したのであろう。であれば、派遣は見直さざるをえない。その理由として、道真がこれまでなかった唐到着後の「難阻・飢寒の悲しみ」を指摘したのは、宇多が唐到着以後の行程について朱褒による保障を期待していたことへの根源的な問いかけであった。災害が続く中、困難をおして遣唐使を派遣したにもかかわらず、そして無事唐土へ到着したにもかかわらず、唐皇帝のもとへたどり着くことができなかったという結果に終われば、それこそ宇多にとって取り返しのつかない失態、失政となる。まさに「国の大事、独り身のためにあらず」との思いからの派遣再考建議であった。

この建議のあと、遣唐使派遣についてどのような対応がなされたのかを語る史料はない。かつては、『日本紀略』寛平六年九月三十日条の「其日、遣唐使を停む」との記述が遣唐使派遣停止決定と考えられてきたが、この記事は日付の定かではない遣唐使派遣停止決定を新羅海賊記事との関連でここに置いたに過ぎず、大使道真は寛平九年、録事《ろくじ》阿刀春正《あとのはるまさ》は昌泰元年（八九八）、副使紀長谷雄《きのはせお》は延喜元年（九〇一）まで、それぞれ遣唐使の官を名乗っていることから、この時に遣唐使そのものの停止が決定されたのではないことが明らかにされている（石井正敏「いわゆる遣唐使の停止について」〈『中央大学文学部紀要』史学科三五、一九九〇年〉）。むしろ、昌泰・延喜年間にも遣唐使の官号が用いられていたことからすれば、宇多譲位・醍醐即位後も遣唐使派遣は機が熟せばと考えられていたと解することもできる。自らの在位中に遣唐使派遣を実現できなかった宇多は、醍醐のもとでの派遣をあきらめていなかったのかも知れない。その場合、宇多は承和の遣唐使派遣の際の仁明天皇と嵯峨太上天皇の関係に、醍醐と自らをなぞらえようとしていたと考えることもできよう。しかし、延喜七年、唐の滅亡によって遣唐使派遣の可能性は断たれたのである。

ところで、文学研究において、道真の詩作を支えた理念は「詩は志を言う」(『尚書《しょうしょ》』舜典)、「詩は志の之く所也」(『毛詩《もうし》』大序)であり、それは「諷喩《ふうゆ》」「諷諫《ふうかん》」の詩にこそよく現れているとされる〈藤原前掲論文。波戸岡旭「菅原道真の詩観」〈同『宮廷詩人菅原道真』初出二〇〇三年〉〉。もとより道真の諷喩・諷諫は「白居易《はくきょい》が、時の憲宗《けんそう》皇帝に対して、論執強硬、逆鱗憚るところなき諫諍を重ねた」ような政治生命、時には生命の危険を冒すようなものではなかったこと、両者の相違は中国と日本の社会構造・政治構造とそこでの文学のあり方の違いに規定されていることも指摘されているが〈藤原克己「平安朝漢文学の歴史社会的基盤」初出一九八七年、「道真・長谷雄・清行」初出一九九六年〈同『菅原道真と平安朝漢文学』〉〉、「状」も文による諷喩・諷諫ととらえることができるのではないだろうか。既に述べたように、その中心には宇多が描いた遣唐使派遣の可能性への根源的な問いが据えられていた。それは宇多の意図をよく知る道真ならこそ提示しえた論理であり、それを提示しての派遣見直しの建言は道真でなければなしえないことであった。その思いは「国の大事、独り身のためにあらず」との言に込められていよう。

なお、新羅との国家間の関係が途絶えた後は、新羅商人が日本を訪れて交易を展開するようになった。政府は来日した新羅商人を鴻臚館《こうろかん》に滞在させて食料・衣服など日本での滞在費と帰航に必要な用途を支給し、船載品の中から政府が必要と認めたものを先ず買い上げ、残りを民間の売買に委ねるという方式で、交易を政府の管理下に置いた。しかし、日本との交易に大きな役割を果たしていた新羅人張宝高《ちょうほうこう》が新羅の政争に関与して反乱を起こして鎮圧され、その残党の捕縛要求がもたらされると、新羅国内の政争の波及を危惧した政府は、新羅商人の鴻臚館滞在や食料支給は行わず、交易が終われば直ちに帰国させることとし、新羅商人を貿易から排除する方針に転換した。これが九世紀に新羅海賊が問題化する背景の一つとなった。一方、排除された新羅商人に替わって日本との交易の担い手として位置づけられたのが唐商人である。唐商人の中には唐の発行する身分証明書を携帯した在唐新羅商人も含まれており、交易は引き続き政府の管理下で行われた。また、遣唐使派遣がなされなくなって以後は、日本人僧侶が帰国する唐商人の船に便乗して求法の旅に出るようになった（山内晋次『奈良平安期の日本とアジア』二〇〇三年。渡邊誠『平安時代貿易管理制度史の研究』二〇一二年）。唐商人がもたらした唐物や留学僧が請来した仏典などは、平安時代の文化に大きな影響を与え続けた。遣唐使が派遣されなくなったことで日本が中国文明の影響を脱し、「国風文化」が形成されたとのかつての理解はすでに見直されている。

翌寛平七年五月、道真は紀長谷雄とともに入京した渤海使を鴻臚館で接遇している。渤海大使は一二年前にも来日し、詩を交わした裴頲《はいてい》であった。『文草』には大使・副使らと交わした、再会の喜びと再びの別れを惜しむ詩七編を載せる（419〜425）。同年十月には道真は中納言に進んで従三位に叙され、位官とも時平に並んだ。

検税使派遣問題

寛平八年七月五日、道真は「議者をして検税使の可否を反覆せしめんことを請う状」（602。以下、状）を宇多に奏した。検税使は、国司が政府に提出する正税帳の記載と諸国の正税稲の実態を照合して国司の正税稲運用・管理を把握するため、奈良時代から派遣されていた。その正税稲に「帳外之剰物」、すなわち正税帳に記載されていないものがあることが問題とされたのである。正税稲とは、国衙《こく》《が》から春に農民に本稲を貸し出し、秋に五割の利稲とともに返却させる正税出挙《すいことう》稲のことで、本来その利稲は国衙行政の主要財源とされていたが、この頃には中央への貢納物の財源にも充てられるようになっていた。

検税使派遣が初めて廟議で論じられた時、道真は讃岐守の経験に照らし、「もし此使を遣わさば頗る物の煩い有らんか」と述べ、高齢の藤原良世《よしよ》に替わって実質的な廟堂首班であった大納言源能有《よしあり》以下二、三人の公卿も派遣に難色を示した。が、検税使派遣は「帳外の剰物を勘出して以て国用の不足を相補わんため」との理由で提起されたことから、「名を以て之を言えば公益甚だ多し」ということになる。そのため、二度目の廟議では、能有が、調査によって明らかにされた剰物の半分もしくは三分の一についてはこれまで通りその扱いを国司に任せてはどうかという折衷案を示した。この案は逆にいえば、残りの半分もしくは三分の二は帳簿上に明記して政府の目が届くところで「国用の不足」に充てさせようということである。道真自身も、参議源希らも必ずしも賛成ではなかったが、「公益」ということにおされ、検税使派遣が決定された。しかし、越前守小野葛絃《おののくずお》（後に道真が大宰府に左遷された時の大宰大弐《だざいのだいに》）ら国司は検税使派遣のことを聞いて「愁悶せずということ無し」という様子であり、検税使派遣を決定した能有以下も天皇には問題なしと奏したが、内心は心配していた。そこで、道真は検税使任命を諌止し、あらためて派遣の可否を論じたが結論は得られなかった。そのため、これまで宇多にこの件で自身の見解を奏することを控えていたが、考えれば考えるほどやむにやまれなくなったと状を呈するに至った経緯と思いを述べている。

道真が危惧したのは、状の「天下諸国、其の俗各小異すといえども、其の政孰れか一同にあらざらん。況んや世衰え国弊《つい》え、民貧しく物乏し。是の故に或いは国司は文法に乖《そむ》きて以て方略を廻らし、正道を違えて以て権議を施す。ややもすれば己が為ならずといえども、其のこと皆法を犯す」という叙述によく表れているように、すでに見た九世紀を通じて国司官長（守・介）に権限を集中させつつ、任国支配におけるその裁量権を拡大してきたことと、検税使派遣による国司の行政への中央政府の介入が矛盾することであった。

道真は「三条之否」を挙げて、検税使派遣の問題性を具体的に展開する。「否一」は「国司のために治術を失う」ことである。正税出挙は本来春に貸し付けた本稲と利稲を合わせて秋に回収するものであったが、出挙を受けた者の浮浪逃亡や死亡、貧窮《ひんきゅう》、九世紀には富豪の輩《ともがら》の抵抗もあり、回収が困難になってきていた。その結果、本稲は回収せず、利稲だけを回収することが一般的になっていたのである。本稲を回収しなければ本稲は農民の手元に貸し付けたままとなる。実際に本稲の現物そのものがいつまでも農民の手元にあったとは考えられないが、運用上の理屈としては成り立つ話である。であれば、農民が本稲を返却しない限り、国司は新たな本稲を貸し付けなくとも毎年利稲は回収できることになる。こうした当時の正税出挙の実態を道真は具体的数字をあげて説明する。ある国に一〇〇万束の正税があったとしても実際に回収されるのは五〇万束、残る五〇万束は農民に貸し付けたままである（農民の手元に貸し付けたままになっている出挙稲を「返挙《へんこ》」という）。返挙の五〇万束は利稲を出すだけで本稲は返却しない。翌年も同じである。「是の如きの例は歴年已に久し。忽《たちま》ちに変ずべからず」。そうすると、仮に一〇〇万束の正税のほかに一〇万束の剰物があったとすれば、数字上は一一〇万束の官稲があることになるが、実際に国衙が把握している現物は回収された五〇万束と剰物の一〇万束を合わせた六〇万束に過ぎない。しかも問題の剰物は、農民への無利子の貸付である「借貸」や、収穫の見込めない損年の調庸租税の不足分を補うために用いられている。こうした国司の財政運用を支える「帳外之剰物」を検税使派遣によって政府が把握することは、国司からすれば政府に「良吏非常の儲」を奪われることを意味し、裁量の余地を失うことになってしまう。

次に「否二」は「百姓の為に愁苦を致す」と論じる。たとえ剰物を把握しても、その多くは穎稲《えいとう》（穂についたままの稲）で、一束を米にしても多くて三升、少なければ一升にしかならない。そのような剰物を運用したところで、それを借り受けた農民は思ったより少ない量の米しか得られないし、売買の代価として受け取った者も損をするだけである。そのため、結局剰物は保管するだけで運用しないというなら、剰物を把握する意味がない。

「否三」は、検税使に任命された在京の七人のうち六人を挙げ、それぞれが現在職務繁忙であり、しかも検税使の務めを果たすには一年余りを必要とすると彼ら自身がいっていることからすれば、「件等要籍の人、東西に出で去り、一年余を経て、たとい万分の一も実に得る所無く、各預かる所の事、共に擁滞《ようたい》有らば、人々思う所の謗、遂に排却すること無からん。是公私の為に得る所無かるべけん」と述べる。

そして、検税使を派遣のために召し出す前に、今一度大納言源能有以下をして派遣の可否を議定させてほしい。私は「公益」があるとのことで派遣について、敢えて「狂昧の諫諍」を奏しないできたが、群臣に重ねて派遣について議させて「愚臣の鬱結」を聞いてほしい。検税使任命以前にこのことを奏しなかったのは私の怠りであり、その罪は甘受するが、聖主によく省みていただきたいと結んでいる。なお、この状は「文章道の政治哲学」である「反経制宜」を「きわめて高度に実践」したものであり、「「直諫」と「実」を重んじる精神が一貫していた」との評価がある（藤原前掲「詩人鴻儒菅原道真」)。

道真が状の「否一」「否二」で述べる正税出挙と帳外剰物の運用についての叙述は国司経験者ならではのものであり、讃岐守在任中に知りえた国司の任国支配とそのもとでの農民の実態についての認識が十二分に活かされている。しかも、道真がいまは公卿の一員として国司を統制すべき立場に立ちながら、自らの国司経験をふまえ、これまで進められてきた国司の裁量権拡大と中央政府の国司支配への介入を抑える方向性を支持していることは注目される。さらには、それが道真の孤立した見解だったのではなく、源能有や希ら同様の認識を示す公卿がいたことが重要である。なぜなら、検税使派遣の可否に現れた中央政府と国司の関係について、当時の公卿と、この状でも触れられていた当時の国司らの間で共通の認識が形成されていたことをうかがい知ることができるからである。

もちろん、検税使派遣が提起され、いったんはそれが決定されたことにうかがわれるように、道真らが支持するのとは異なる方向での政策が提起される余地があったことも確かである。しかし、それもまた「国用の不足」を補うという「公益」を理由に行われていることからすれば、現状の改革が必要とする点では認識を同じくしていたといえる。なお、源能有や道真らが懸念を抱きながらも検税使派遣を決定していること、道真が派遣再考を宇多に求めていることなどから、筆者は検税使派遣を提起したのは宇多ではないかと推測している。宇多が醍醐への譲位に際して与えた「遺誡」でも官人給与である「季禄・大粮・衣服・月料等」の財源としての「不動・正税」に言及していることや、事態の推移が遣唐使派遣の場合と似ていることも傍証となるであろう。宇多なりの現状への積極的対応といえる。ただし、そうであったとしても、宇多に道真らが支持するのとは異なる方向での体系的な改革構想があったというのではない。この奏状を呈してしばらく後の八月二十八日、道真は源能有が右大臣に進んだ後を受けて民部卿を兼ねたが、これは能有・道真らの政策路線が宇多に支持されたことを示していよう。なお、検税使派遣についてもことの顚末を語る史料は存しない。

2　限り無き恩涯に止足を知る

政務への精励

寛平九年（八九七）六月八日、右大臣で廟堂首班であった源能有が没した。能有は文徳天皇皇子で母は伴氏。道真母も伴氏であったから二人は姻戚関係にあり、しかもともに承和十二年（八四五）生まれであった。道真は能有母の周忌法会願文（637）を作成したり、能有四十賀法会に詩（147）を詠んだりしていたが、道真が讃岐守の任を終えて帰京して以後、詩を通じての交友を深めるとともに、ともに宇多近臣として寛平の治の推進に関わっていた。能有は中納言時代から符宣上卿として名を現し、寛平六年から八年まで上卿として発給に当たった官符・官宣旨の数は群を抜いている。また、基経娘滋子《しげこ》を妻に迎えており、基経や時平とも良好な関係にあったと考えられる（土田前掲論文。森田悌「摂関政治成立期の考察」〈同『平安時代政治史研究』初出一九七六年〉。

高兵兵「菅原道真の交友と源能有」〈『和漢比較文学』三五、二〇〇五年〉）。

六月十九日には除目が行われ、二六歳の藤原時平が中納言から大納言に進んで廟堂首班となり、同じく中納言でともに五三歳の源光と道真が権大納言に進んだ。同時に時平が左大将、道真は時平の後をうけて右大将となっている。宇多が時平と道真を並行するようにして昇進させているのは明らかである。時平は中納言になった寛平五年から、道真も中納言になった翌年の寛平八年から、符宣上卿を務めていた。『類聚三代格《るいじゅうさんだいきゃく》』所収の寛平八年の符宣上卿は道真の上席の藤原良世が二件、源能有七件、藤原時平一件であるのに対し道真は八件。能有が没した寛平九年は時平が六件、道真が四件で、以後、道真左遷まで『類聚三代格』所収の符宣上卿は時平と道真のみである（土田前掲論文）。二人が廟堂首班と実質的な次席公卿として政務に精励していた様子をうかがい知ることができる。なお、寛平八年十一月には道真の娘衍子《ひろこ》が宇多女御とされている。

敦仁立太子

ここで時間を寛平五年（八九三）に遡る。その年の四月二日、敦仁《あつぎみ》親王が皇太子に立てられた。敦仁は、宇多の源定省時代にその第一子として生まれ、源維城《これざね》と名乗っていた。宇多即位から二年余りを経た寛平元年十二月二十八日に、弟の斉中《ときなか》・斉世《ときよ》・維蕃《これしげ》らとともに親王とされ、翌寛平二年十二月十七日に維城は敦仁、維蕃は敦慶《あつよし》と名を改められた。敦仁・敦慶の母は藤原胤子《たねこ》。胤子の父藤原高藤《たかふじ》は冬嗣《ふゆつぐ》の孫であったが、冬嗣―良房―基経という藤原北家嫡流からすれば傍系であり、敦仁立太子の時点でも正五位下、兵部大輔に過ぎなかった。

ところで、敦仁立太子について、宇多は譲位の際新帝に与えた「遺誡」の中で、「朕前の年、東宮に立てし日、ただ菅原朝臣一人とこの事を論じ定めき（女知尚侍居りき）。その時共に相議する者一人もなかりき」と述べている。これに従うなら、宇多は敦仁立太子を道真一人と議したことになる。道真は寛平三年から蔵人頭として宇多に近侍していた。敦仁立太子の寛平五年二月には参議となっていたが、立太子の議に預かったのは蔵人頭時代からのことで、信頼された側近としてであったと考えられる。

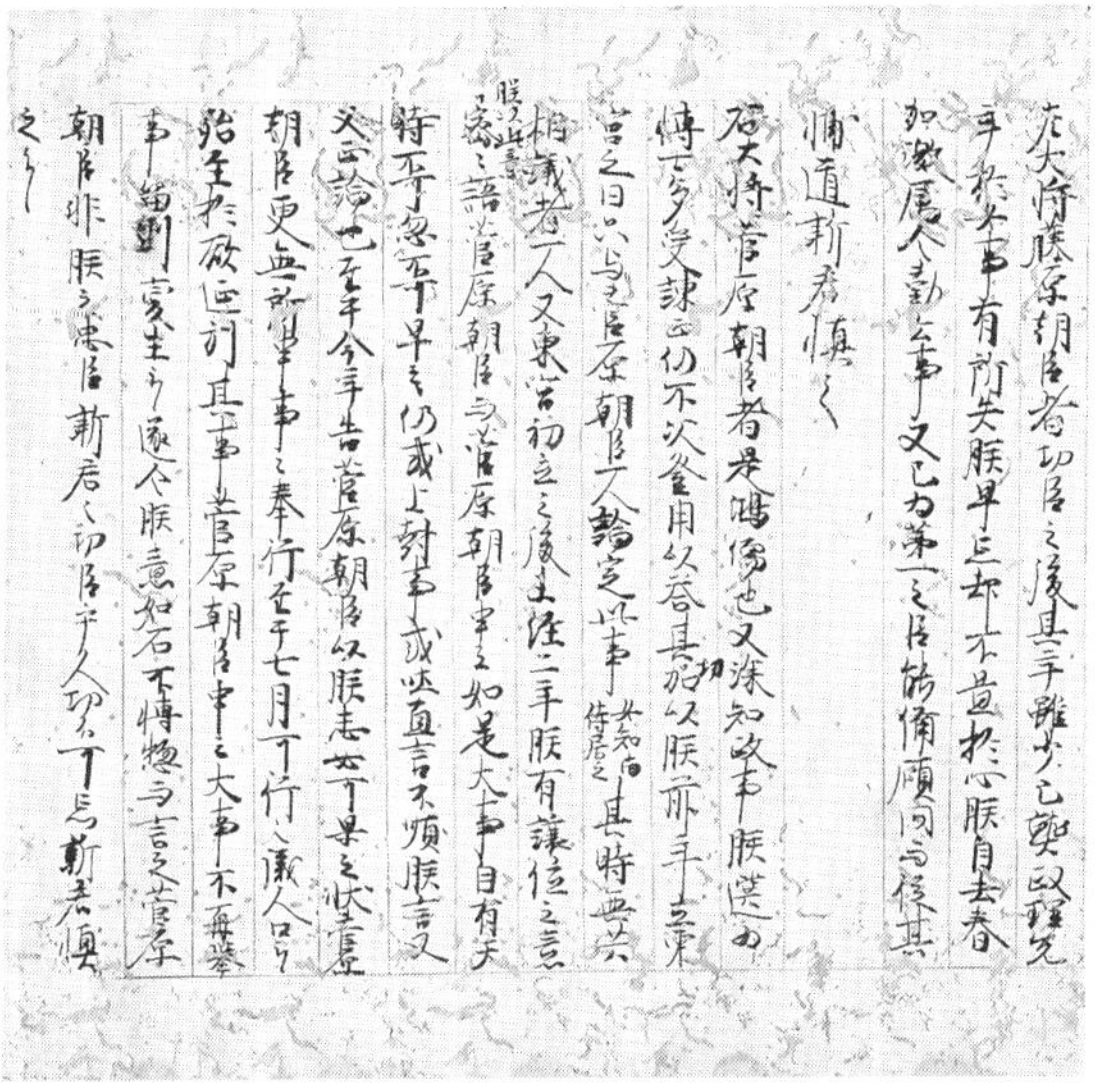

22―『寛平遺誡』

従来、宇多が左大臣源融《とおる》以下の公卿を差し措いて道真とのみ議したことが不自然とされてきたが、天皇大権の一つである皇位継承者の決定は天皇が自らなすべきことであり、公卿の議を経ることが求められたわけではない。また敦仁は第一皇子であったから、宇多皇子から選ぶのであれば、とくに異論も出なかったであろう。おそらく宇多が道真と議したのは、皇太子の人選ではなく、立太子の時期やその政治的影響についてであったのではないだろうか。光孝が本来中継ぎとして擁立されたこと、そのため、宇多も源姓を与えられて臣籍となっていたこと、宇多擁立は光孝臨終の際に慌ただしく決定されたことはすでに見た。こうした経緯をふまえれば、光孝・宇多系による皇位継承が既定路線として受け入れられていたかどうかは微妙であったろう。とくに、廃位された陽成自身とその兄弟や子らには、自分たちこそが仁明系正統であるという意識があったことは想像に難くない。しかも、宇多即位後に生まれた皇子以外は、胤子所生の敦仁・敦慶も、義子所生の斉中・斉世もみな源姓を名乗っていた点では、かつての宇多と同じであった。彼らが親王とされたことは、彼らに皇位継承資格を付与したことを意味することになるが、宇多のみならずその次代の天皇もまた、かつて臣籍にあった者が親王に復して皇位を継承することについて、貴族層の間に違和感もあったはずである。そうした中で宇多皇子を立太子することは、光孝・宇多系による皇位継承を続けていくこと、すなわち光孝・宇多系こそが仁明系皇統の正統な継承者となることの宣言にほかならない。それは、宇多にとってはぜひともなし遂げなければならないことではあったが、陽成系皇親の存在や貴族層の意向を考えるならば、慎重にことを運び、確実に実現しなければならなかったのである。敦仁立太子が宇多即位から五年以上を経過してようやく行われたのも、宇多が道真とのみ議したのも、そのためであろう。なお、陽成系皇親との関係について付言すれば、のちのことであるが、宇多譲位・敦仁即位の前年寛平八年九月に陽成生母皇太后藤原高子《たかいこ》が廃后とされている。その理由について、『日本紀略』は「事秘して知らず」、『扶桑略記』は「東光寺善祐法師と竊《ひそ》かに交通す」とするが、後年、陽成は母后は罪なくして廃されたとしている（『九条殿記断簡』天慶六年〈九四三〉五月二十五日条）。その真偽はともかくとして、これは高子所生の陽成同母兄弟やその子らの皇位継承資格の否定に通じるものであったと考えられよう。

敦仁立太子に話をもどすと、宇多は、道真との議には尚侍藤原淑子《よしこ》が参与したとも述べている。淑子は基経亡き後、甥の時平の後見のような立場で宇多と時平を結ぶ役割を果たしていたと考えられる。時平自身は立太子の議に直接関わらなかったが、淑子を通じてある程度の情報を得ていたであろうし、宇多も道真もそれは承知していたであろう。

なお、立太子が寛平五年に行われたことについては、この年、敦仁が九歳になっていたことに注目しておきたい。それは最初の幼帝清和と次の陽成が即位した年齢にあたっているのである。もとより、宇多が九歳の敦仁を直ちに即位させようとしていたと主張しようとするのではない。が、敦仁立太子が、前例に照らせば即位可能な年齢に達するのを待っての上であったことは、宇多も道真も、そして淑子も承知していたはずである。

こうして敦仁立太子は実現された。皇太子を輔導する皇太子傅《ふ》には大納言源能有、東宮大夫《とうぐうだいぶ》には中納言時平、東宮亮《すけ》には参議道真が任じられ、高齢の左右大臣のもとで実質的に廟堂の中枢を担っていた能有以下が皇太子の周囲を固めることになった。道真は寛平七年には東宮権大夫《ごんのだいぶ》となっている。

道真は東宮亮時代の寛平七年、春に敦仁から「唐には命を受けて一日に百首の詩を詠むことが行われたというが、二時間で十首を詠め」と題を与えられ、一時間で七言絶句（391〜400）を詠んだり、夏にも時節にふさわしい二〇の題で二時間ほどで五言律詩（401〜417。三首は近習の少年が切り離して紛失したという）を詠むなどしている。前者の一〇首は「詩の出来栄えとしては、十一歳の皇太子を意識して用語、表現、内容も平明。そのかわり、漢詩とは、近体詩の規則を守り、このように詠むというお手本を示す、教育的な面も窺われる」（丹羽博之「『菅家文草』〈巻五・三九一〉の漢詩一日百首の逸話を巡って」〈『菅原道真論集』〉）とともに、「これらの詩は形式面からだけではなく、内容面からも詩の本質、つまり詩人はどのような境地でどのような感興を詠じるのかを、示そうとしたもの」とされ、「節操正しい臣下が聖君主に仕えるという、近い将来のありうべき構図を描き出した」「鼓」詩（415）を含む後者の二〇首とともに、「皇太子に対するさまざまな教育的配慮が行き渡った」「道真の春宮亮としての立場からの詠作」（谷口孝介「詩人の感興―菅原道真「讃州客中之詩」啓進の意図―」〈同『菅原道真の詩と学問』初出二〇〇四年〉）であるという。一〇首の冒頭の詩をあげておこう。

送春（391）

送春不用動舟車
唯別残鶯與落花
若便韶光知我意

春を送るには用いず　舟車《しゅうしゃ》を動すことを
唯別る　残鶯《ざんおう》と落花とに
若し韶光《しょうこう》をして　我が意を知らしめなば

今宵旅宿在詩家　今宵の旅宿は　詩の家に在らまし

旅立つ人を送る時には舟や車を動かすが、去ってゆく春を送るには、そんなものはいらない。ただ、老いさらばえた鶯と散りゆく花に別れを告げるだけ。もしも美しい春の風光に、心から春を惜しんでやまない私の思いを知らせることができたなら、旅だってゆく春は、今夜はそんな風雅の心をもつ詩人であるわたしの家に、一夜の宿を定めてくれたであろうに（小島・山本前掲書）。

宇多譲位と醍醐即位

「遺誡」では、敦仁立太子に続けて、その即位に至る経緯を次のように述べている。

また東宮初めて立ちし後、二年を経ざるに、朕位を譲らんの意《こころ》あり。朕この意を以て、密々に菅原朝臣に語りつ。しかるに菅原朝臣申して云わく、かくのごとき大事は、自からに天の時あり、忽《いるかせ》にすべからず、早くすべからずと云々。仍って或は封事を上り、或は直言を吐きて、朕が言に順《したが》わず。またまた正論なり。今年に至りて、菅原朝臣に告ぐるに朕が志必しも果たすべきの状を以てす。菅原朝臣更に申すところなく、事々に奉行せり。七月に至りて行うべきの儀人の口に云々《つつめ》きぬ。殆《ほとほと》にその事を延引せんと欲するに至りて、菅原朝臣申して云わく、大事は再び挙ぐべからず。事留るときは則ち変生ずと云々。遂に朕が意をして石のごとくに転ぜざらしめつ。

これによれば宇多は敦仁立太子から二年を経ずして、譲位を考えたという。宇多が譲位を急いだ理由としては、宇多と基経・時平の関係を対立的にとらえ、親政の挫折による諦観、逆に新帝の後見となって権を握るため、宇多に入内した基経娘温子《よしこ》が皇子を生む前に譲位することで藤原氏が外戚になるのを拒もうとした、などとされてきた。しかし、すでに見てきたように、宇多は基経在世中はその関白としての補佐を望んでいたし、基経没後は親政を行っていた。また、すでに敦仁立太子後であるから、温子が皇子を生んだとしても、その皇子が直ちに皇位継承者と見なされるわけではない。あるいは、仏道への関心の高まりなど宇多の内的要求も指摘されているが、仏道への専心は譲位後しばらくしてからのこととされる。宇多が譲位を急いだ理由を明らかにできる史料は見いだし難いが、後に「重累を逃れ以て新君に委ぬる所以は、一日万機社稷《しゃしょく》を保安し、子々孫々天下を相伝えんとすればなり」(581)と述べているところから、陽成系皇親の存在を考え、少しでも早く敦仁を即位させることで自らの血脈への皇位継承を確実にしようとしたと考えられる。

では、譲位を急ぐべきではないとして止めたという道真の意図はどこにあったのであろうか。それを解く手がかりは、敦仁の即位のあり方からうかがうことができる。敦仁は寛平九年七月三日、清涼殿において元服を加え、同日宇多からの譲りを受けた。この時敦仁は一三歳。この前後の天皇(清和・陽成、醍醐の子の朱雀・村上)の元服年齢は一五歳であったから、いささか早い元服であった。では、なぜ、元服が急がれたのであろうか。元服を加えたということは、敦仁は成人として即位したことを意味する。成人天皇には摂政は必要とされない。敦仁の元服は、摂政を置かないためであった。そして、これこそが、道真がそれまで宇多の譲位を諫止《かんし》してきた最大の理由でもあった。すなわち、前後の天皇元服年齢に比すればいささか早い元服ではあるが、かろうじて成人としての即位と見なすことのできる年齢に敦仁がなるまで宇多譲位を思いとどまらせたのである。

ただし、それは道真が摂関政治を否定しようとしたからではない。良房は清和即位にともない摂政の職掌を担うようになった時太政大臣、基経は陽成の摂政に任じられた時右大臣であった。天皇大権の代行を担う摂政には大臣経験が必要とされた。しかし、敦仁立太子の時点の左大臣源融も右大臣藤原良世も七二歳の高齢で、融は寛平七年に没し、その後をうけて左大臣となった良世も翌年致仕《ちし》した。その良世の左大臣昇任をうけて右大臣となった源能有も寛平九年、任官一年足らずで五三歳で没した。その結果、時平が大納言で首班となったことはすでに述べた。この後、昌泰二年（八九九）に時平が左大臣、道真が右大臣とされるまで、大臣不在となった。このように敦仁立太子から即位まで、宇多が譲位を考えていた時期とは、当初は、外戚で摂政になることができる大臣がいないだけでなく、外戚ではない大臣も高齢で健康面などに不安があり、さらに彼らが没したり致仕した後は大臣がいない状態になったのである。このような中で宇多の意志に従って譲位、すなわち敦仁即位を遂行すれば、元服前の幼帝であるにもかかわらず摂政を置くことができないことになってしまう。道真が宇多に譲位を思いとどまるよう進言したのは、それを避けるためであった。そうした道真の言は「正論」であったから、宇多もそれに従ったのである。それは、道真はもちろん宇多も、摂政を否定しようとしたのではなく、むしろ、大臣経験を必要とするという摂政のあり方を尊重したためであった。

こうしていったんは宇多の譲位の意向を押しとどめることができたものの、寛平九年、ついに譲位は決行された。七月譲位が噂に上ったため、宇多は延引しようとしたというが、この時は逆に道真が促して、七月三日に譲位が行われた。敦仁は一三歳で、当時の天皇元服年齢一五歳に達していなかったから本来なら幼帝となる。が、廟堂首班の時平は大納言になったばかりで大臣経験はもちろんないから、摂政とすることはできない。そこで、敦仁を元服させて成人として即位させたことは先に述べた。

しかし、元服をあげたとはいえ、やはり新帝醍醐は幼帝と認識された。そこで宇多は伝国詔命において、「春宮大夫藤原朝臣・権大夫菅原朝臣、少主未だ長ぜざるの間、一日万機の政、奏すべく請うべきのこと、宣すべく行うべし」（『日本紀略』）、「大納言藤原朝臣・権大納言菅原朝臣等、奏すべく請うべきの事、且はその趣を誨《おし》えてこれを奏しこれを請い、宣すべく行うべきの政、その道を誤つことなくこれを宣しこれを行え」(606)と命じた。これによって時平と道真に与えられたのは、光孝が基経に与えた「奏すべきの事、下すべきの事、必ず先に諮稟《しりん》せよ」という関白の職掌に匹敵するものであるが、「その趣を誨えて」、「その道を誤つことなく」というのは幼帝を意識してのものといえよう。しかも、『日本紀略』引用の詔文によれば「少主未だ長ぜざるの間」との限定が付されている。関白は本来成人の天皇に対するものであったから、時期の限定は付されないはずである。加えてより重要なことは、関白は摂政経験者への優遇措置であったから、本来なら摂政経験者ではない時平や道真にその職掌を与えることはできなかった。にもかかわらず、元服後とはいえ実質的には「少主」である醍醐の政務決裁を円滑ならしめるための策として講じられたのが、醍醐が少主の間（具体的には通常の元服年齢一五歳まで）、奏請宣行補佐の職掌を、摂政経験はもちろん大臣経験さえない時平と道真に与えるというものであった。

摂政のあり方を尊重すればこその敦仁の元服後の即位と、時平・道真への奏請宣行補佐の職掌付与であったが、実質的には「少主」でありながら摂政ではなく奏請宣行補佐という新たな職掌を置くこと、それは「少主之間」に限定されること、しかもその職掌を与えられたのがいずれも摂政経験も大臣経験もない時平と道真であることなど、おそらくは宇多と道真の間で考えられた苦肉の策ではあったろうが、それが本来の摂政・関白のあり方にそぐわないものであることは覆いようがなかった。譲位が噂になったため宇多が躊躇したというのも、元服前の敦仁には譲位すれば摂政が必要になるが、摂政になることのできる公卿がいないことへの懸念が噂に含まれていたためかも知れない。

この無理が混乱を招くことになった。政務上卿を務めることのできる大納言・中納言らが、奏請宣行は詔で指名された時平と道真に限られると解釈し、政務に従事しなくなったのである。それがいつから始まったのかは明確でないが、おそらく醍醐即位のはじめからと解してよいであろう。これに対し、道真は醍醐即位から一年余りを経た昌泰元年（八九八）九月四日、宇多に「諸納言等をして共に外記に参らしめんことを請う状」（606）を呈し、次のように訴えた。詔では確かに時平と道真が指名

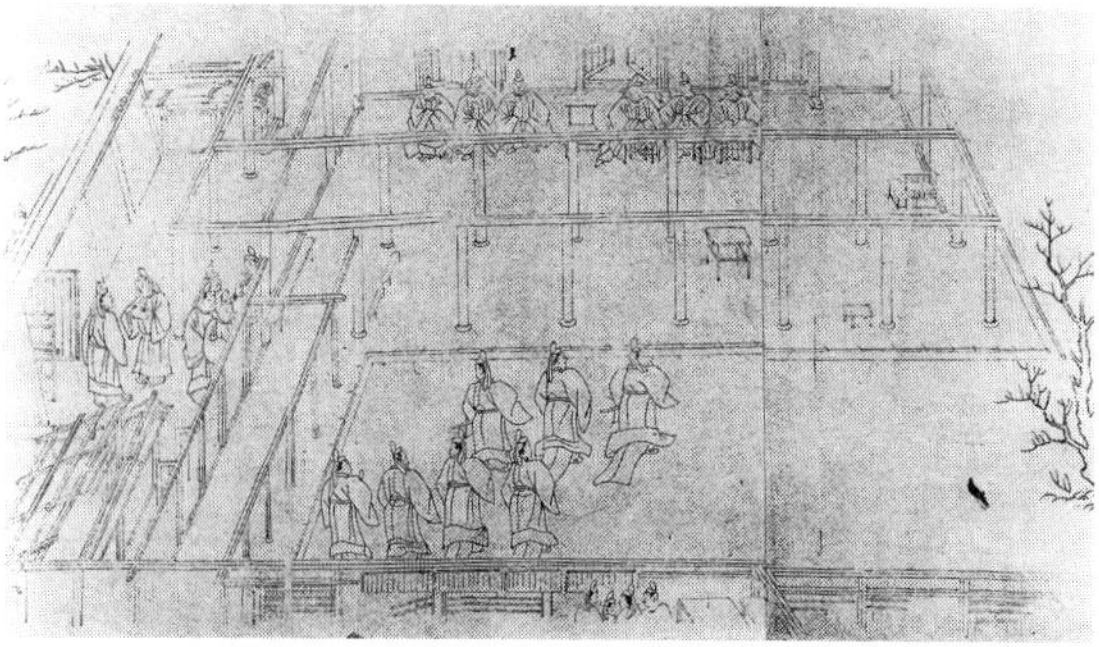

23――外記政（『年中行事絵巻』別本巻二）

されてはいるが、尋常の政務上卿まで二人に限定したわけではないはずである。「臣（道真）が業は文書に有り、閑を伺いて以て伝授せんとす。身は木石にあらず、暇に寄せて摂治を思う」。さらに時平についても、「藤原朝臣独自政に従うとも、何ぞ毎日頻参の役に堪えん」として、諸納言らに外記政（公卿が弁官から庶事の上申を受け、決裁する政務）に従事するよう宣喩してほしい、と。同月十九日に道真が宇多に呈した「諸納言疑う所を決する状」（607）では、「諸納言の疑う所、一朝氷解」と述べているので、宇多の説諭に応じて納言たちは政務に復したのであった。

この一件は、儒者から公卿に昇り、さらに新帝補弼の職掌まで与えられた道真への諸卿の反感によるものとこれまでは解されてきた。道真が後に、醍醐即位に際し、道真が東宮亮・権大夫であったことから「儒学を嫌わず、枉《ま》げて爪牙を忝なくす。当時謗《そし》るの声有り、喧聒《けんかつ》切なりといえども、聖慮非常の寄せ、戦兢して辞さざりき」（675）と述べていることからすれば、そうした面があったことを否定しようとは思わないが、諸納言が政務に従事しない状態が続くことで、道真のみならず時平も政務処理に追われ、それでも対応しきれない状態になってきていたことがうかがわれる。にもかかわらず、諸納言らがこうした姿勢をとり続けたのは次のような論理に基づいていたのではないだろうか。時平と道真は摂政経験がないから、関白になることはできないはずである。とすれば、宇多が伝国詔命で二人に与えた奏請宣行の職掌は関白としてのそれではなく、あくまで公卿（政務上卿）としてのそれのはずである。本来、納言以上の公卿なら誰もが有するはずのその職掌を、あえて二人を指名して与えたということは、他の納言にはそれを与えないということを意味しているのではないか。こうした理解は、これまでの摂政・関白のあり方に即して考えるならば、決して牽強付会《けんきょうふかい》ではない。道真とともに同じ職掌を与えられた時平が、筆頭公卿とはいえ二六歳で、政務上卿を務めることのできる中納言になってから四年余りの経験しか有しないことも、諸卿に不安ないし不満を抱かせたのではないだろうか。が、宇多や道真にすれば醍醐の即位、ひいては光孝―宇多―醍醐系の皇位継承を正当化するためにも、醍醐のもとでの政務の擁滞は許されないことであった。であればこそ、道真と時平は上卿として政務に精励したのであろう。しかし、そうした状態が醍醐即位から一年余り続いた結果限界に達したため、道真から宇多への懇請がなされたと考えられる。かくして、道真の進言を受けて宇多は諸卿を説諭し、事態を収拾したのである。宇多は自らの即位当初に阿衡問題による予期せぬ政務停滞を経験していたから、醍醐の治世開始にあたって、自らの発した詔が原因となって同様の事態を惹起《じゃっき》したことをどのように感じたことであろうか。

なお、のちには、大臣経験がない者に関白の職掌を与える場合、その職掌と地位は「内覧《ないらん》」と称され、成人の天皇に対するものに限られることとなった。藤原道長は一条朝の長徳元年（九九五）に兄の関白道隆《みちたか》・道兼《みちかね》が相次いで没した後、権大納言で内覧とされた。ひと月余り後には右大臣とされたが、改めて関白とされることはなく、一条朝には一貫して内覧として天皇を補佐したことはよく知られている。

また、摂政・関白に必要とされた大臣経験については、天禄三年（九七二）に藤原兼通《かねみち》が中納言から内大臣とされて関白の職掌を与えられて以降、内大臣が大臣経験を付与するための便法として用いられるようになった。道長の子頼通《よりみち》も寛仁元年（一〇一七）に権大納言から内大臣となった直後に、道長から譲られて摂政となっている。もちろんこうした場合、すでに大臣経験は実質をともなうものではなくなっていたが、それでもなお、摂政・関白の職掌を担う者には大臣経験が必要との認識が生き続けていたことの証でもある。

宇多太上天皇

譲位後、弘徽殿《こきでん》に入った宇多は、ひと月ほどすると母皇太后班子《なかこ》女王とともに内裏を退去して東院《とういん》に移り、翌昌泰元年二月には朱雀院《すざくいん》に移った。道真は内裏の醍醐に伺候するとともに朱雀院の宇多にも伺候しており、いずれにおいても詩を詠んでいる（内裏での詠詩は442・445・446・448・453・455・460・468・472・473・474、宇多に近侍しての詠詩は443・449・450・452・454・456・461）。九月九日には内裏の重陽宴で応製詩を詠み、翌十日には朱雀院の重陽後朝宴で詠詩しているのは、この頃の道真の両者への奉仕ぶりをよく現しているといえ、道真にとって、詩臣としての本領を最もよく発揮しえた時代であった。

太上天皇となった宇多については譲位直後から道真左遷までの時期、「いわゆる『寛平御遺誡』と信任する腹心とを年若い新帝の朝廷に布置することによって、自ら国政の大綱を遠隔操作しようとした」、「上皇の腹心は、上皇の意を体してすこぶる積極的に国政に関与した」〈目崎徳衛「宇多上皇の院と国政」〈同『貴族社会と古典文化』初出一九六九年〉〉とされるが、その実態が史料にもとづいて明ら

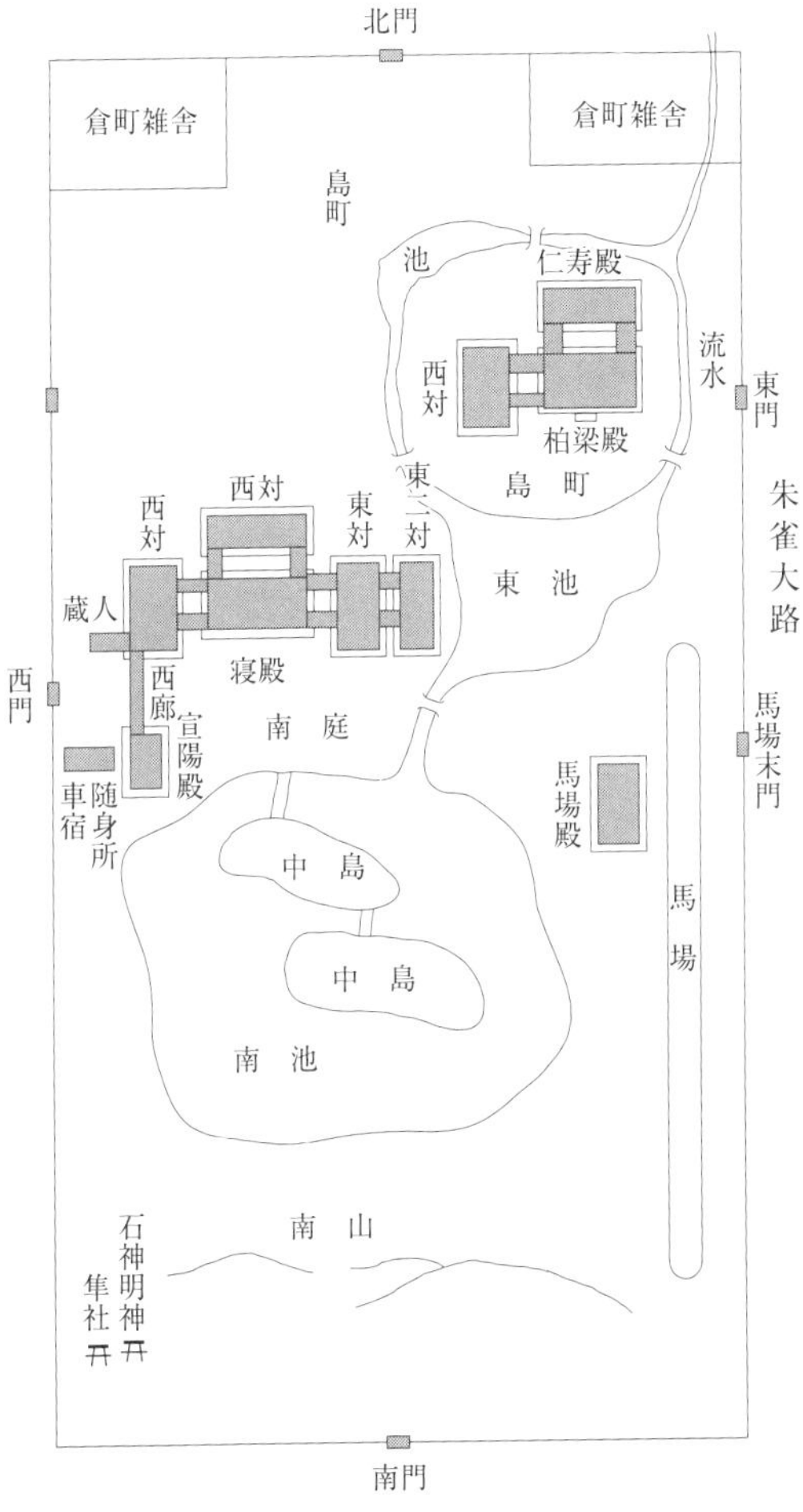

24―朱雀院推定復元図

かにされているわけではない。

すでに見てきた平安時代の太上天皇のあり方を想起すれば、まず、兄平城《へいぜい》太上天皇との対立を経験した嵯峨天皇が、譲位後内裏を退去することで天皇大権行使に関与しないという太上天皇のあり方を示して以後、淳仁天皇も譲位後それに従った。そして、九歳の幼帝に譲位した清和太上天皇が基経を摂政として大権代行を委ねたことで、太上天皇が存しても大権代行は摂政が担うこととされたのであった。宇多がこうした太上天皇のあり方に変更を加えようとしたと見なさなければならない事例は、筆者には見いだすことができない。のち、時平の弟忠平《ただひら》が右大臣を務めた醍醐朝の延長年間に宇多の命を受けて発給された院宣旨についての検討によれば、「院宣旨は太政官系統の文書を補う機能を果たしたと考えられるが、もはや太上天皇の命が直接及ぶ対象はごく限られていた」とされる（山本崇「宇多院宣旨の歴史的前提」〈『古文書学研究』四八、一九九八年〉）。

当該期は十分な古記録が残存しているわけではないため、政務運営の詳細を知ることは困難である。従って、宇多太上天皇の国政関与が全くなかったとする明証もない。が、のちのことになるが、一条朝初期においては、日常的な政務は摂政で外祖父の藤原兼家《かねいえ》によって処理されていた。しかも、天皇の父円融《えんゆう》太上天皇は書信や使者を通じて兼家に自らの意向を伝えることはあったが、その採否は兼家が決定していた（今正秀「一条朝初期の権力構造」〈『高円史学』二四、二〇〇八年〉）。後代の円融の事例をさかのぼらせて直ちに宇多に当てはめることには慎重であるべきかも知れないが、先に見てきた嵯峨以降の太上天皇のあり方に照らせば、筆者は宇多の場合も円融の場合と同様に見なしてよいと考える。ただし、宇多の場合、時平と道真は摂政ではなかったから、二人が天皇大権代行を完全に委ねられたとはいえないことには留意すべきかも知れない。その点で注目されるのは、昌泰元年四月二十三日の除目についての、「この日議畢《おわ》りて、菅原朝臣をして朱雀院（宇多）に大間《おおま》書《がき》を遣り奉る。則ち還り来たりて後、二省（式部省・兵部省）に下す」との『醍醐天皇日記』の記述である。これによれば除目の結果が宇多に知らされている。ただし、この場合も、院政期のように除目の最中に使者が院と天皇の間を行き来することで院の意向を反映させているわけではない。従って、現存する史料に照らせば、醍醐朝の初め、道真左遷までの時期について、宇多の積極的な国政関与を見いだすことはやはり困難なのである。

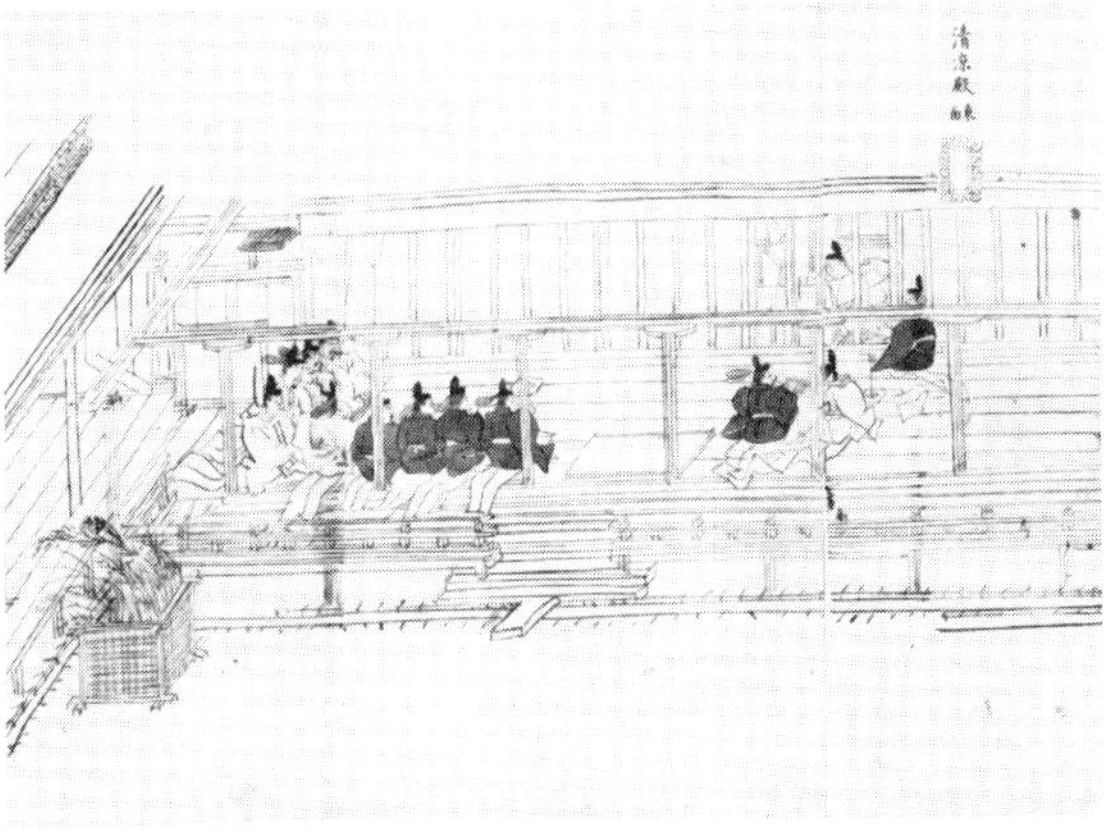

25──叙位（『年中行事絵巻』巻一二）

　昌泰二年十月十五日、宇多は東寺《とうじ》で灌頂《かんじょう》を受け、二十四日には太上天皇の尊号を辞して仁和寺《にんなじ》で出家、十一月二十四日に東《とう》大寺《だいじ》で受戒した。同年、醍醐は一五歳になり、「幼主」・「少主」ではなく、名実ともに成人の天皇と見なされることになったから、宇多の出家は醍醐の成人を見届けた上で、「今日出家は菩提の為也」（578）、いよいよ念願であった仏事に専念しようとしてのことであったろう。従って、先に見た除目結果の伝達のようなことも、仮に醍醐即位以来継続的に行われていたとしても、実質的な醍醐の成人とそれを契機とする宇多の出家によって、これ以後は行われなくなったと思われる。宇多は同年十二月には仁和寺円堂院《えんどういん》の供養を行い、翌年には金峯山《きんぶせん》・高野山《こうやさん》・竹生島《ちくぶしま》に赴いている。

ところで、奈良時代の天皇は譲位すると、いわば自動的に太上天皇とされたが、嵯峨天皇が譲位に際して太上天皇の尊号を辞退したのに対し、淳和天皇があらためて尊号を奉上して以後、太上天皇の尊号は新帝の宣下によって奉上されるものとなった（筧敏生「太上天皇尊号宣下制の成立」〈同『古代王権と律令国家』初出一九九四年〉）。宇多も譲位直後に尊号を奉上されていたが、出家に先立ち、尊号停止を醍醐に申し入れている。醍醐に呈した四度の状（578〜581）において宇多は、「入道の縁、業事を省くに在り。事を省くの人、虚名を貴ばず。況んや仏子と称して以て一生を過ぐべくんば、何ぞ敢えて人君を帯して以て三宝に事《つか》えん」、尊号を帯しているために師主僧綱が恭敬・恐惶して親近せずという有様で、これでは「宿願の熟し難きを悲しむ」。「漢家かつて旧典無く、当朝未だ前例あらざるに至りて、彼はその志を行わざるなり、我は遂にその志を行なわんとなり」。たとえ尊号を辞しても、国王（醍醐）がもとのように礼遇するならば、上皇でなくとも尊敬は得られる、国主（醍醐）が尊んでくれるならば、誰が自分を軽んじるだろうかと尊号辞退を認めようとしない醍醐を説得し、さらに、どうしても尊号のないことをよしとしないのであれば、上皇の号を除いて、「朱雀院」と称してはどうかとまで提案したのであった。宇多の主張は仏道に専念するため、妨げになる尊号を辞したいというところにあった。四度に及ぶ宇多の尊号辞退を請う状の作成に当たったのが道真であった。道真は宇多・醍醐双方に近侍し、それぞれの思いをよく知っていたがゆえに、板挟みとなって複雑な思いを抱いたことであろう。両者から相手の説得を期待されることもあったかも知れない。

なお、宇多出家後、道真が宇多に近侍して詠んだ詩は伝わらない。仏道に専念する宇多に道真が近侍する機会が減っていったのであろう。

道真と時平

宇多は「遺誡」で道真について、まず、「右大将菅原朝臣は、これ鴻儒《こうじゅ》なり。また深く政事を知れり。朕選びて博士と為し、多く諫正を受けたり。仍って不次《ふじ》に登用し、以てその功に答えつ」と述べ、続いてすでに見た敦仁の立太子・即位における道真の関与を語る。そして、「惣てこれを言えば、菅原朝臣は朕が忠臣のみに非ず、新君の功臣ならんや。人の功は忘るべからず」と説いている。

一方、時平については、次のように述べている。

> 左大将藤原朝臣は、功臣の後なり。その年少《わか》しといえども、すでに政理に熟す。先の年女のことにして失《あやま》てるところあり。朕早に忘却して、心を置かず。朕去ぬる春より激励を加えて、公事を勧めしめつ。またすでに第一の臣たり。能く顧問に備えて、その輔道に従え。

すでに述べたように、宇多と基経の関係を対立的にとらえ、時平がその後継者であること、また、宇多の側近道真を追放したのが時平とされることから、宇多と時平との関係も対立的なものとみなされがちである。が、基経が没した直後、公卿になっていなかった時平をただちに参議とし、二年後に中納言、その四年後には大納言に昇進させ、「第一の臣」としたのはほかならぬ宇多であった。宇多は、時平を累代の藤原氏と直接には基経の後継者、すなわち「功臣の後」と位置づけ、それにふさわしい地位を与えるべく配慮していたといえよう。しかも、それは誰の圧力によるのでもない、宇多自身の考えによるものであった。そして、時平もそれに応え、政務に精励していたことはすでに述べたとおりである。

宇多が醍醐の輔弼を時平と道真に託したのは、「功臣の後」、すなわち藤原北家嫡流を担う時平と、「鴻儒」にして「諫正」をよくする道真とを、新帝醍醐の両翼としようとの意図からであった。その場合、宇多が道真をして若い時平の足らざるところを補わせようと考えたであろうことは容易に想像できるが、同時に、道真と時平とを組み合わせることで、異例の昇進をさせた道真への諸卿の違和感ないし反発を、時平の存在によって緩和させることも期待していたのではないかと筆者は考えている。

では、その二人の関係はどのようであったのだろうか。本書冒頭に引用した『大鏡』の記述に見られるように、時平が道真をいわば敵視していたという理解はすでに院政期には成立していた。しかし、文学研究における道真詩の分析からは、新たな理解が示されている（滝川幸司「時平と道真―『菅家文草』所収贈答詩をめぐって―」〈『國語國文』七七―七、二〇〇八年〉）。道真が時平に贈った詩は五首あり、その最初は寛平四年の二首。時平が宇多への忠節を誓って詠んだ「秋日遺懐」詩に道真が謝し（352）、その後宇多が詩を詠み、それに感じた道真がさらに詩を詠んでいる（353）。道真は宇多への忠節を詠うとともに時平の詩を讃えており、ともに宇多を支える臣下の立場からの詠作という。続く、時平の嵯峨院遊覧に寄せた詩（358）や、道真の参議任官に際して時平から鄭州玉帯《ていしゅうぎょくたい》を贈られたことを謝する寛平五年の詩（368）では、語の用い方から道真が時平を自らの「主」と位置づけていたとも見なしうるとされる。最後の詩は寛平九年、道真が権大納言となって以後の作であるが、時平が宇多の舟行に従って詠んだ詩に和した詩（444）で、そこでは時平の詩を讃えるものの、時平を「主」とするような表現はなく、止足《しそく》の分を弁え、これ以上の君恩を望まない道真の思いを詠んだものという。

道真が基経邸での詩宴に招かれ参加していたことはすでに触れたところであるが、道真と時平はそこで出会っていた可能性もあり、二人の最初の詩の贈答が基経没の翌年であることから、基経と道真との関係を時平が継承しようとしたとも考えられるという。さらには、基経が子息のために行わせた講書において、道真が講師を務め、時平が受講したこともありうるとされる。時平には基経ほどの詩宴の開催は確認できず、道真の贈答詩も時平の詩に答えたもののみで、道真の方から働きかけたものはないが、時平が道真に詩を贈っているのは基経には見られなかったことである。また、時平は基経の遺志を継いで建立した極楽寺《ごくらくじ》を定額寺《じょうがくじ》にすることを願う状（608）を道真に依頼してもいる。こうしたことから、文事を通じてみる限り、道真と時平の間に対立的様相を見いだすことは困難とされる。

なお、「遺誡」において、宇多は「季長朝臣は深く公事に熟《くわ》しく、長谷雄は博く経典に渉りて、共に大器なり。昇進を憚ることなかれ」と、譲位時に道真と同じく自らの蔵人頭・左中弁を務めていた平季長《たいらのすえなが》と、道真の門生で文章博士・式部大輔・侍従であった紀長谷雄に言及している。道真も、季長について「宮中要須の人」、紀長谷雄についてもこの頃大学寮での講義や課試で忙しくしていると述べている（602）。

藤原淑子・温子・穏子

宇多や醍醐と、道真・時平の関係を、彼らに関わりの深い女性を通じても見ておこう。

まず、宇多養母であり、「遺誡」で敦仁立太子についての宇多と道真の議に参与したとされる基経妹藤原淑子である。淑子の後宮への出仕は清和朝の貞観初年と考えられ、光孝天皇即位の元慶八年（八八四）に尚侍《ないしのかみ》となって以後、延喜六年（九〇六）に六九歳で没するまで二〇年以上にわたって後宮女官の頂点に位置した。光孝が没すると皇位の象徴である剣璽を宇多のもとへ運んだのも淑子であり、宇多即位後には女性として異例といってよい従一位に叙されてもいる。こうしたことから、淑子は養子としていた宇多を擁護し、さらに宇多から醍醐への皇位継承を支持していたことがうかがわれる。さらに進めて光孝・宇多の即位そのものに淑子の意が反映されているとする見解もあるが（角田文衛「尚侍藤原淑子」〈同『紫式部とその時代』一九六六年〉・「敦仁親王の立太子」〈同『王朝の明暗』初出一九七五年〉）、既に見てきたように、両者の即位事情は必ずしも淑子の意を介在させなくても説明可能である。淑子の役割は、順子《のぶこ》（仁明后）・明子《あきらけいこ》（文徳后）・高子（清和后）と続いた藤原氏の母后・国母が途絶えた中にあって、天皇と藤原氏（基経・時平）を結び、両者の関係を円滑に結ぶことにあり、宇多との養親・養子関係の絆もあって、彼女はよくそれを果たしたと見なすべきであろう。

次に、基経娘で、阿衡問題の直後に宇多の女御となっていた温子《よしこ》について。温子は醍醐即位直後の七月二十六日に皇太夫人とされたが、それは温子が醍醐の「継母」であったことによる。温子が「継母」・「養母」とされたのは、醍醐生母胤子が醍醐即位前年の寛平八年六月三十日に没しており、元服後とはいえ醍醐が「少主」と見なされたためであろう。温子を皇太夫人とすることについて、宇多は先例がないことから難色を示したとされるが（『日本紀略』応保元年〈一一六一〉十二月十六日条）、それは温子が基経娘だからではなく、「帝王養母之儀」が初めてであり、従ってその立后も初めてであったことによる。温子を敦仁の養母としていることからすれば、宇多に北家嫡流への警戒なり抑圧なりの意図があったとは考え難い。もとより、醍醐は元服をすませていたし、宇多譲位後まもなく、温子は内裏を退いて東五条堀川院《ほりかわいん》（五条宮）に移っていたから、幼帝の際母后が出御《しゅつぎょ》に同行したり、輦《れん》車《しゃ》に同乗するなどの具体的扶持を行うことはなかったであろう。宇多が朱雀院に移ると温子もそこに入り、昌泰二年十月に宇多が出家するまで居を共にしている。なお、道真は温子が皇太夫人とされるとその中宮大夫とされ、右大臣となるまで一年半余り仕えた。在任中に温子の命を受け、中宮への諸司分直と例給雑物の支給を辞する表（582）を作成している。

続いて、醍醐の後宮をめぐる動きについて。醍醐の元服・即位の夜、宇多の母班子女王は所生の為《た》子《め》内親王を、時平は同母の妹穏子《やすこ》を、それぞれ醍醐に入内させようとしていたが、班子女王は宇多に命じて穏子の入内をやめさせた。為子内親王はただちに妃とされたが、昌泰二年三月十四日に女児を出産して没した。班子女王は、それを穏子の母の祟りであるとして再び穏子の入内をさしとめようとしたが、時平は計略によって入内を実現した。宇多は怒ったが、こと既になった後であったという（『九暦《きゅうれき》』天暦四年〈九五〇〉六月十五日条）。

ここから穏子を入内させようとする時平と、母班子女王の命を受けてそれを阻止しようとする宇多との対立が指摘される。しかし、いかに筆頭の臣といえども入内の可否は時平の一存で左右できることではない。藤原氏出身の母后・国母がいれば彼女がその調整に当たったのであろうが、醍醐の母胤子は北家嫡流の出自ではなく、しかもすでに没していた。従って、醍醐の後宮への入内に決定権を有していたのは第一に宇多であり、それに関与しえたもっとも有力な人物は尚侍淑子であったろう。穏子入内は、淑子を介して宇多・時平の間で合意が形成されていたのではないだろうか。また、醍醐即位には道真も関与していたから、おそらく道真も穏子入内については異論を唱えていなかったと考えられる。醍醐の元服は、宇多譲位・醍醐即位と連動しており、「遺誡」の記述からはそれはある時期まで秘されていたことが知られる。とすれば、宇多や淑子・時平、また道真にとっては、醍醐の元服を知らされた班子女王が為子内親王を入内させようとしたことこそが予期せぬことであったのではないだろうか。一方、班子女王がいつからか醍醐への為子内親王の入内を考えていたとすれば、醍醐の元服と宇多の譲位こそ倉卒《そうそつ》と受けとめたとしてもおかしくはない。班子女王は、光孝と自身の間に生まれた宇多が皇位を継承したように、醍醐の場合も醍醐と皇女の間に生まれた皇子がその後継者となることを期待したのであろう。それが光孝皇女であれば、光孝系の純血性を高めることにもなる。こうして意思疎通の円滑を欠いた結果、あたかも穏子入内をめぐる対立と後代に受け取られてもやむをえない事態に至ったのではないだろうか。そして、この時には宇多が母后の意を尊重して、穏子の入内を延期させたのであろう。なお、淑子は寛平八年十月にその邸第に宇多の行幸を迎えているが、六〇歳を目前にして宮中を離れ自邸にいることが多くなっていたのかも知れない。

その後、穏子の入内がいつ果たされたのか明らかではない。為子内親王没後まもなくのことと思われるが、その場合も時平の独断ではなく、宇多が班子女王の意を受けて反対したとすれば、おそらく醍醐の了解があったと考えられる。この年、醍醐は一五歳となり、名実ともに成人天皇と見なされることになったから、醍醐の独自の判断であったかどうかは措くとしても、少なくとも時平が醍醐の支持をとりつけていたと考えるべきであろう。

以上からうかがわれるように、醍醐朝初期にあっては、道真と時平はともに宇多から託された新帝輔導の任を果たすべく努めており、宇多・醍醐・道真・時平は藤原淑子や温子ら北家嫡流出身の女性たちを介しても円滑な関係を結んでいたのである。

醍醐即位の直後、時平と道真はともに正三位に叙され、両者は位階では並んだ。翌年四月に寛平から昌泰への改元が行われ、その翌昌泰二年（八九九）二月十四日、時平は左大臣、道真は右大臣とされた。この年醍醐が一五歳となり、成人の天皇とみなされることになったため、即位の際に宇多の伝国詔命で時平と道真に与えられた奏請宣行補佐の職掌も終了することになった。二人の大臣任官は、成人天皇醍醐による本格的な親政開始を告げる新たな体制の始動であり、二人に大臣として醍醐を支えさせるためであった。

道真、右大臣となる

道真は三度にわたって右大臣辞表を呈した（629〜631）。その中で、「当時の納言臣下に居る者、将相の貴種、宗室の清流」であるのに対して「臣が地は貴種に非ず、家は是儒林。偏に太上皇往年抜擢の恩に因り」、「図らざるに太上天皇南海の前吏を抜きたまい、聖主陛下東宮の旧臣を棄てたまわ」ざるによって右大臣とされたが、「人心已に従容せず、鬼瞰《きかん》必ず睚眦《がいさい》を加えん」、それはあたかも「爐炭に踞して以て焼亡を待ち、冶氷を履みて陥没を期するがごと」きものであるから、「臣が官を削りて以て臣が福を全くし、臣が寵を掊《さ》きて以て臣が身を保たしめたまえ」と述べている。当時、高官に任じられた場合三度辞表を呈すること、その文意がいささか大仰になることは通例であったが、「貴種」ではなく「儒林」の出自であるが故に人に容れられないと述べていることは道真固有の事情である。もちろん、辞表が容れられるはずはなかったから、道真は「将相の貴種」藤原氏と「宗室の清流」源氏出自の公卿らの上に立って、居心地の悪さを感じつつ、右大臣の座にあり続けることになった。十一月には大臣の職封《しきふ》一〇〇〇戸の返上を請い（632）、翌三年二月と十月には権大納言時代からの兼官であった右大将の辞表をも呈している（609・675）。

この間の八月、道真は醍醐に自らと祖父清公・父是善三代の家集を献じた。これに対して、醍醐は次の詩を詠んで報いている。

見右丞相獻家集

門風自古是儒林
今日文華皆盡金
唯詠一聯知氣味
況連三代飽淸吟
琢磨寒玉聲聲麗
裁制餘霞句句侵
更有菅家勝白様
從茲抛却匣塵深

門風は古よりこれ儒林
今日の文華はみな尽くに金なり
唯一聯《れん》を詠じて気味を知りぬ
況んや三代を連ねて清吟に飽かんや
琢磨せる寒玉　声声麗わし
裁制せる余霞　句句侵す
更に菅家の白様に勝れることあり
茲《これ》より抛《なげう》ち却《す》てて匣の塵こそ深からめ

平生愛する所、白氏の文集七十巻これなり。今菅家あるを以て、亦帙《ちつ》を開かざらむ。

26── 醍醐天皇筆「白氏文集巻六十六断簡」

醍醐は道真の詩は白居易のそれにも勝ると称賛し、今後は『白氏文集《はくしもんじゅう》』を開くことはないだろうとまで述べている。道真左遷後のことになるが、延長四年（九二六）、興福寺《こうふくじ》僧寛建《かんけん》が五台山巡礼と求法《ぐほう》の旅に出る許しを求めた際、合わせて彼の地へ携行するために「この間の文士文筆」の作品を請うたのに対し、醍醐は「菅大臣（道真）、紀中納言（長谷雄）、橘贈中納言（広相）、都良香《みやこのよしか》等詩九巻」と「（小野《おのの》）道風《みちかぜ》行草書各一巻」を与えている（『醍醐天皇日記』延長四年五月二十一日条）。道真没後二〇年余りが経っていたが、醍醐が道真の詩才を高く評価していた証であろう。

この年、家集を献じてから間もない重陽後朝に道真が詠んだ詩は、醍醐に仕える臣としての思いがにじみでている。

九日後朝、同賦秋思、應制（473）

丞相度年幾樂思　丞相年を度《わた》り　幾たびか楽しび思える
今宵觸物自然悲　今宵物に触れ　自然に悲しむ
聲寒絡緯風吹處　声は寒し絡緯《らくい》　風の吹く処
葉落梧桐雨打時　葉は落つ梧桐《ごとう》　雨の打つ時
君富春秋臣漸老　君は春秋に富み　臣は漸《ようや》くに老いにたり
恩無涯岸報猶遲　恩は涯岸無く　報いんことなおし遅し
不知此意何安慰　知らず　この意何《いずれ》にして安慰せん
飲酒聽琴又詠詩　酒を飲み琴を聴き　また詩を詠ぜん

この詩に対し、醍醐は自ら着していた衣を脱いで与えたことが、道真が大宰府で詠んだ「九月十日」詩（482）「去年の今夜　清涼に侍す、秋思の詩篇　独り腸《はらわた》を断つ、恩賜の御衣は今此に在り、捧げ持ちて毎日　余香を拝す」の註「宴終りて晩頭に御衣を賜えり。今身に随いて笥《け》の中に在り、故に云う」から知られる。註ではまた、道真はこの詩で「臣が詩、多く憤るところを述べたり」としており、それは、限りない恩沢に報いようとして果たせない思いをいうとされる。そこからうかびあがるのは、醍醐に忠勤を励もうとする姿である。そして、醍醐もそれを感じていたであろう。この後の

「吏部王琴を弾ずるに感ず」（474）という詩が、道真が醍醐の命に応じて詠んだ最後の作品となる。

ところで、二度目の右大将辞表を呈した翌十月十一日、道真は思わぬ意見書「菅右相府に奉る書」（『本朝文粋』巻第七）を突きつけられた。来年辛酉《しんゆう》の年は大きな変革の年に当たり、二月には兵乱が起きることが予想される。「尊閤（道真）は翰林（学者）より挺して槐位（大臣）に超昇す。朝の寵栄、道の光華、吉備《きび》公（真備《まきび》）の外、また美をともにするもの無し。伏して冀《ねが》わくば、その止足を知り、その栄分を察せられんことを。風情を煙霞に擅にし、山智を丘壑《きゅうがく》に蔵すれば、後生仰ぎ視て、また美とせざらんや」と。止足を弁え右大臣を辞することを勧めるこの意見書を道真に送ったのは、文章博士の三善清行であった。清行は道真と同じ文章生・同得業生から官人となり、備中介などを経て文章博士となっていた。自ら記した『藤原保則伝』において、保則の言として道真を「危殆《きたい》の士」と称したり、道真左遷後に道真の門生に累を及ぼすべきではないと時平に進言した状では道真を「悪逆の主」としていることから、道真に反感を抱いていたとされる。その背景として、清行が元慶五年（八八一）に方略試を受けた際、問頭博士であった道真にいったん不合格とされ、二年後に改判及第とされたことや、清行の詩を道真が評価しなかったこと（『江談抄《ごうだんしょう》』四）などが指摘されるが、自負するに足る才を有しながら、菅家の門生でないために冷遇をかこったことから、儒林の最大派閥である菅家とその頂点に立つ道真に厳しいまなざしを向けるようになったのであろうとされる〈所功『三善清行』一九七〇年・「菅原道真と三善清行」〈同『菅原道真の実像』〉〉。自らの出自に照らして右大臣任官が分を過ぎるものであることを十分過ぎるほどに認識して辞表を呈したものの、それが認められるわけでもないことも承知していた道真は、この清行の意見書にどのような思いで目を通したことであろうか。

十一月二十一日には、清行は「予め革命を論じるの議」（『本朝文集』巻第三一）を朝廷に呈した。そこでは道真への意見書と同様に「明年二月、帝王革命の期、君臣剋賊の運に当たる」とし、それは「漢国（中国）」と「本国（日本）」の歴史に照らして間違いない。「伏して望むらくは、聖鑒《せいかん》予め神慮を廻らし、勅して群臣を厲《はげ》まし、戒厳警衛、仁恩その邪計を塞ぎ、矜荘その異図を抑え、青眼を近侍に廻らし、赤心を群雄に推したまわんことを」とする。「邪計」・「異図」をもつ人物が「近侍」者の中にいることをほのめかしているとの理解があるが、文意は天皇が群臣に勅して備えを厳重にし、天皇の「仁恩」・「矜荘（自信に満ちて厳かな様子）」によって「邪計」・「異図」をくじき、また、「近侍」には「青眼（親しい人に対する愛する目つき）」を、「群臣」には「赤心（真心）」を推し及ぼすことで君臣一体となって難を超克すべしと解すべきであろう。従って、これからただちに清行に道真排斥を示唆する意図があったとまでいうのは難しいように思われる。

しかし、それから二ヵ月ほど後、道真は朝廷を追われることになったのである。

V

万事皆夢の如し

大宰府流謫

27――恩賜の御衣にむせぶ道真（『北野天神縁起絵巻』巻四）
大宰府左遷の前年9月10日の重陽後宴で，道真の詩に感動した醍醐天皇は御衣を与えた．道真はそれを謫居まで持ち行き，毎日余香を拝していたが，一年後の同じ日，往時を偲んで「秋思の詩篇　独り腸（はらわた）を断つ」と詠んだ．

1　貶し降されて　芥よりも軽し

昌泰の変の背景

昌泰四年（九〇一）正月の道真左遷については、本書冒頭で述べた。その理由とされたのは、道真が「止《し》足《そく》の分を知らず、専権の心有り、佞諂の情を以て前に上皇の御意を欺き惑わす」、「廃立を行い、父子の慈しみを離間し、兄弟の愛を淑皮せんとす」ということであった。道真が止足の分を弁えなかったとすることが当たらないことは、すでに見てきたところから明らかである。右大臣辞表の「人心已に従容せず、鬼瞰《きかん》必ず睚眦《がいさい》を加えん」（629）や、大宰府左遷後の詩に見える「具《とも》に将相を兼ねたるを瞻《み》て、僉《みな》曰く　勲賢を欠けりと」（484）との表現からは、自らが高い地位にあることについて批判の声があることを道真も承知していたことがうかがわれる。従って、道真自身は与えられた官職で懸命に務めようとこそすれ、権を専らにしようなどとは考えてもいなかったであろう。

一方、これまでもその真偽をめぐって検討が重ねられてきたのが「廃立」についてである。「廃立」とは、具体的には醍醐天皇を廃し、故橘広相《たちばなのひろみ》の娘義子所生の異母弟斉世《ときよ》親王を擁立しようとしたものと考えられている。道真が娘を親王の妻としていたことから、その関与が取り沙汰され、道真左遷直後に親王が出家していることが廃立計画の存在と結びつけて理解されてきたのである。廃立計画への道真の関与についての諸説はすでにプロローグで紹介したが、そもそも廃立計画なるものがあったのかどうか。これまでは、宇多（・道真）と（醍醐・）時平との間の対立的関係を自明のこととして廃立計画が論じられてきた。しかし、醍醐朝初期において、そこに対立的関係を見いだすことが難しいことは前章で述べたとおりである。しかも、醍醐即位はそれによって光孝・宇多系を正統として定着させるためであったから、その醍醐を廃しなければならない積極的な理由は宇多の側からは見いだすことができないのではないだろうか。光孝・宇多系の中で皇位をめぐって混乱を生じることは、自らの皇統に不利な状況をつくり出すだけだからである。

　道真についていえば、彼が大宰府で詠んだ詩において、「妖害《ようがい》　何に因《よ》りてか避けん、悪名　遂に覦《のぞ》かんと欲す、未だかつて邪は正に勝たず、或いは実を以て権《ごん》に帰せん」(484)、「昔は栄華にして簪《しん》組《そ》に縛られ、今は貶謫《へんたく》せられて草来に囚となる、月光は鏡に似たれど　罪を明らむることなし、風気は刀の如くして　愁を破らず」(485)、「君　我が凶慝《きょうとく》を瞰《み》ませば、我を撃つこと神鬼の如くあらまし、君　我が辜《つみ》無きを察《み》ませば、我がために冥理《めいり》を請いてまし、冥理遂に決すること無くば、茲《こ》れより長く已《や》むなん」(486)など、繰り返し無実を訴えていることや、先に触れたように出家後の宇多に道真が近侍する機会が減っていったと思われることなどからすれば、筆者の想定に反して仮に廃立計画があったとしても、道真がそれに関与していたとは考えられない。道真左遷直後の斉世親王出家は廃立計画があったからではなく、道真左遷の詔で廃立計画の存在が指摘されたことによって、道真との関係からもっとも疑われるべき立場に立たされた親王のとらざるをえなかった対応と考えるべきであろう。

　道真はもとより、宇多にも疑うべき点がないとすれば、道真左遷は火のないところに煙を立てた者がいたことになる。長く時平がその張本とされてきたのであるが、時平と道真の間に当初から対立的関係を見いだすことが難しいことはすでに述べた。『安楽寺《あんらくじ》縁起《えんぎ》』は時平に与した者として源光《ひかる》・藤《ふじ》原定国《わらのさだくに》（醍醐の母胤子弟）・藤原菅根《すがね》をあげる。しかし、この三人があげられているのは、源光は道真左遷の後をうけて右大臣に、藤原定国は右大将になっていること、藤原菅根は道真左遷の報を聞いて内裏に駆けつけた宇多を通さなかったことによると考えられ、いずれも道真左遷時とその後の状況からの憶測に過ぎないであろう。ちなみに、藤原菅根はかつて道真の推挙によって宇多から東宮時代の醍醐の侍読《じどく》とされ、さらに道真はその精勤を理由に従五位上・大内記《だいないき》とされるよう奏している（605）。道真が同輩公卿についてどのように思っていたかは知るよしもないが、左遷後には「風の摧《くじ》くこと木秀に同じく、燈《ともしび》の滅すること　膏煎《こうせん》に異なれり、苟《いや》しくも営営として止むべくんば、胡為《なんす》れぞ脛脛《けいけい》として全《また》からん（風がすぐれた木を挫き、膏油が煎られて尽きるように才能あるものが貶められる。讒言をなす者が跋扈《ばっこ》するならば、正直者が身を全うすることができようか）」（484）と述べている。「営々」は『詩《し》経《きょう》』小雅「青蠅」詩で讒人《ざんにん》を蠅に例えてその飛び回る様をいう。同詩集伝には「詩人、王の讒言を聴くを好むを以ての故に、王を戒むるに聴く勿《なか》れを以てするなり」といい、「豈弟の君子　讒言を信ずること無かれ」、「讒人は無極（罔）　我が二人を構う（二人の仲を裂く）」と詠っていることから、道真は自身が讒言によって貶められたと認識していたと考えられる。

　ところで、斉世親王は醍醐と一歳違いで、醍醐元服の翌昌泰元年に醍醐と同じ一三歳で元服した。道真娘との婚姻は、醍醐元服の日に為子内親王が入内したように元服の日であったか、それからそう遠くない時期のことであり、この婚姻は宇多の了解ないし勧めによると考えてよいであろう。廃立によって斉世親王を即位させることは、道真に天皇の外戚となる道をひらくことと不可分の関係にあったとされるが、もしそうであれば、道真娘を醍醐に配偶すればよかったはずである。しかし、宇多はそうしなかった。それはなぜなのだろうか。一つには醍醐元服後の入内《じゅだい》をめぐって示された母班子《なかこ》女王の意（時平妹穏子《やすこ》の入内をとどめ、所生の為子内親王を醍醐に配偶）をくめば、醍醐と道真娘の婚姻も班子女王の許すところとはならなかったであろうことがあげられる。また、穏子の入内をとどめて道真娘を入内させることは、それこそ時平と道真の関係をあやうくすることになる。さらには、宇多は斉世親王と道真娘の婚姻を階層的にふさわしいと考えていたのではないだろうか。橘氏と菅原氏はその由緒を問えば相違は歴然としているが、広相と道真はともに儒者から公卿に昇っており、藤原氏や源氏に比すれば両者の貴族社会における位置は近しいものであったと見なしうる。とすれば、斉世親王に道真娘を配したことは、むしろ同じ宇多の皇子とはいえ醍醐と斉世親王の差異を明確にするためであったと考えることもできる（もとよりそれは醍醐立太子・即位によってすでに明らかにされていた）。そのような目で見れば、醍醐は親王とされた後に名を維城《これざね》から敦仁《あつぎみ》へ、同母弟維蕃《これしげ》が敦慶《あつよし》へと名を改めているが、斉世と同母兄斉中《ときなか》（寛平三年没）はそのままとされたのも、胤子所生子と義子所生子による違いである。ただ、醍醐らの母胤子が寛平八年六月従四位下で没したのに対し、斉世らの母義子は同年正月に従四位上とされているのではあるが。

では、醍醐の目には斉世親王と道真娘の婚姻はどのように映ったであろうか。醍醐はすでに為子内親王を迎えていたが、そのために穏子の入内はとどめられ、結果、醍醐は「第一の臣」時平と姻戚関係を結ぶことはできないままにおかれた。そのような中で、第二の臣というべき道真の娘は、自身に配偶されてもおかしくないにもかかわらず、弟斉世親王の妻とされた。それによって斉世親王と道真の関係が深まるであろうことは当然に予想される。自身の婚姻関係に照らして、醍醐がこの婚姻に釈然としないものを感じることがあったとしても不思議ではないであろう。先述した醍醐と道真の関係を想起すれば、なおさらである。もし、このように推定してよいとすれば、為子内親王没後、班子女王やその意を受けた宇多に背いてまで穏子入内が実現されたことについて、それは時平一人の意向によるのではなく、少なくとも醍醐の支持があったと考えるべきことを先に指摘したが、むしろ、為子内親王没を機に、第一の臣である時平と姻戚関係を結ぼうとする醍醐の意図をこそ読みとるべきなのかも知れない。もちろん、時平もまた、それを強く望んだであろう。しかし、そのようなことがあったにしても、前章で見たように左遷の前年秋まで、醍醐と道真の間に隙が生じていたことをうかがうことはできない。読者が最も関心をもたれるであろう道真左遷の真の理由とそれを企図した者については、残念ながら残された史料からはこれ以上の追究は困難とせざるをえない。

ただ、筆者は道真左遷への醍醐の関与あるいは責任について、同時代の人々は後代の者が思っている以上に大きくとらえていたのではないかと考えている。

道真怨霊譚と醍醐天皇

その根拠の一つは、道真怨霊の祟りについてである。大宰府で没した道真が怨霊となって祟りをなしたとされたことは周知のことであるが、それが初めて語られたのは延喜二十三年（九二三）三月二十一日、醍醐の皇太子保明《やすあきら》親王が没した時である。『日本紀略』は「皇太子の臥病に依り、天下に大赦す。子刻皇太子保明親王薨ず（年廿一）。天下庶人悲泣せざるなく、その声雷の如し。世を挙げて云う、菅帥霊魂宿忿為すところなりと」と記す。そして、四月二十日、次のような詔が出された。「故大宰権帥従二位菅原朝臣は朕（醍醐）が童蒙に在りてその侍読を営み、宸宮の日より宸《しん》位《い》の朝に至るまで、久しく近臣として勤苦すること無きに非ず。而るに身は謫官に従い、命は遐鎮に殞つ。多歳を積むといえども何ぞ相忘るることあらんや。故に本職（右大臣）を贈り、兼ねて一階を増す。ここに旧意を示し以て幽霊を慰めん。宜しく昌泰四年正月廿五日宣命を棄て、これを焼却すべし」（『政事要略』巻二二）。これによって、道真左遷はなかったこととされた。没後二〇年を経て、道真は「敗者」からの名誉回復を果たしたのである。

醍醐はこれで道真の「幽霊」が鎮まると考えたのであろうか、四月二十六日には穏子を皇后とし、二十九日には保明の遺児で、時平の娘を母とする慶頼王《よしよりおう》を皇太子とした。道真の名誉回復は、それによってその「幽霊」を鎮め、穏子立后・慶頼立太子を推進するためであったのだろう。閏四月十一日には「水潦《すいろう》疾疫」を理由に延長と改元された。しかし、延長三年（九二五）六月十九日、慶頼は五歳で没してしまう。十月、皇太子に穏子所生の寛明《ゆたあきら》親王が立てられた。三歳の皇太子は母后穏子と同殿することが定められた。慶頼の死没については道真と関わらせる言説は記録されていないが、次の皇太子寛明については、『大鏡』は、道真の祟りを恐れて三歳になるまで格子を上げることもなく、昼夜灯をともして御帳のうちで暮らしていたとする。

そして延長八年六月二十六日、諸卿が清涼殿《せいりょうでん》上で請雨《しょうう》のことを議していた時、愛宕《あたご》山上から黒雲が起こって急に暗くなり、突如雷鳴がして清涼殿西北隅の柱に落雷があった。大納言藤原清貫《きよつら》が胸を、右中弁平希世《たいらのまれよ》が顔を焼かれてともに死亡、紫宸殿《ししんでん》でも死傷者が出た。清涼殿にいた醍醐も不予《ふよ》となる。醍醐は七月二日に清涼殿改築のため常寧殿《じょうねいでん》に移ったが、その後も不予が続き、回復を祈る修法などの験《しるし》もなく、九月二十二日に麗景殿《れいけいでん》で譲位。二十七日に右近衛府大将曹司《ぞうし》に移り、二十九日に出家して没した。この清涼殿への落雷が道真の怨霊によるとされ、道真怨霊と雷神が結びつけられることになる。

以上の保明親王・慶頼王の死没、清涼殿への落雷と醍醐自身の死没は、すべて醍醐とその直系の

28——雷神となった道真と対峙する時平（『北野天神縁起絵巻』巻五）

人々に関わることである。確かに保明は穏子所生、慶頼は時平の娘を母としていたから、いずれも時平と無縁ではなく、後にはその死没は時平の血脈につながる者への道真の祟りと解されるようになる。が、既に早く延喜九年に時平自身が三九歳で没した時には道真の怨霊は全く取り沙汰されなかったことからすれば、当初は道真の祟りが向けられるべき対象、すなわち道真を罪なくして左遷した者として第一義的に責めを負うべきは醍醐と認識されていたのではないだろうか。保明没後、醍醐が穏子立后・慶頼立太子を行っていることも、醍醐自身、時平につながるがゆえに穏子とその所生子や孫が道真「幽霊」の脅かすところとなるとは考えていなかったことを現していると考えることもできよう。

いま一つ、道真左遷における醍醐の関与についての人々の認識をうかがうことができるのが、醍醐が没後地獄に堕ちて苦しみを受けていたという説話である。それは、『扶桑略記』天慶四年（九四一）の項に収められた『道賢《どうけん》上人冥土記』（以下、冥土記）と、江戸時代末編纂の『北野《きたの》文《ぶん》叢《そう》』に収められた大和国内山永久寺《えいきゅうじ》（廃寺）に伝来していたとされる『日蔵夢記』（以下、夢記）に見えるものである。概要を冥土記によって追ってみよう。

大和国吉野《よしの》の金峯山《きんぷせん》で修行中の僧道賢が仮死状態に陥り、執金剛神《しつこんごうしん》に助けられ、蔵王《ざおう》菩薩から延命のための短札を与えられる。そして、「日本太政威徳天」に会い、その住まい大威徳城《だいいとくじょう》に案内される。太政天は「我はこれ上人本国菅相府なり」と明かし、「愛別離苦の悲しみ」を受けたため、「臣君を悩乱し、人民を損傷し、国土を殄滅せんと」したが、自身が尊んでいた密教が流布されていることや、化身菩薩などの慰喩によっていまだ巨害をなしていない。しかし、眷属《けんぞく》一六万八〇〇〇悪神らが害をなすのを禁じることができないでいる、と語る。道賢が本国（日本）の人はあなたを火雷天神と称して釈迦《しゃか》のように尊んでいるというと、太政天は彼国（日本）の人は自分を「大怨賊」とし、尊びなどしていない。火雷大気毒王は我が第三使者の名である。自分は成仏できなければ、昔抱いた悪心を忘れることはなく、自分が在世中の官位を帯する者があれば、必ず傷害するであろう。しかし、「若し人有りて上人を信じ、我が言を伝え、我が形像を作り、我が名号を称し、慇懃《いんぎん》祈請する者あらば、我必ず上人の祈りに相応じん」と告げ、さらに道賢が蔵王菩薩から与えられた短札の意味を解き、日蔵と名を改めるよう説いた。

金峯山にもどった道賢が以上のことを蔵王菩薩に報告すると、蔵王菩薩は「世間災難の根源」を知らせるため、道賢を太政天のもとへ遣わしたのだという。また満徳天（夢記の記述から宇多に擬せられる）も太政天が説いた内容に加え、延長八年の清涼殿への落雷による藤原清貫・平希世の死没は火雷大気毒王の仕業であり、「我が延喜王（醍醐）身肉六府悉《ことごと》く爛壊《らんえ》するなり。これにより彼王遂に命終す」、また崇福《すうふく》・法隆《ほうりゅう》・東大《とうだい》・延暦《えんりやく》・檀林《だんりん》寺などの焼亡も火雷大気毒王のなすところである。「かくの如き悪神等、法を滅し生を害するの罪、我が延喜王独りその殃を受くること、譬《たと》えば衆川の水一大海に呑まるるが如きなり」。自余の眷属がさまざまな害をなし、謀反乱逆の心を起こそうとするが、金峯八幡と満徳天がそれを許さないでいるのだと述べた。道賢は一三日目に蘇生した。

29── 太政威徳天（『北野天神縁起絵巻』巻三）

30── 地獄で苦痛を受ける醍醐天皇（『北野天神縁起絵巻』巻三）

さらに追記として、金峯菩薩が道賢に地獄を見せてくれた時、鉄窟地獄で灰燼《かいじん》のようになった四人を見かけたが、それは「本国延喜帝王」とその臣であった。王は道賢を招き、「我はこれ日本金剛覚大王（宇多）の子なり。而るに今この鉄窟の苦を受くるは、彼太政天神怨心を以て仏法を焼滅し、衆生を損害す、そのなすところの悪報、惣て我がところに来る、我その怨心の根本たる故に今この苦を受くるなり。太政天は菅臣これなり」と述べ、さらに、「父法王をして険路歩行して心神困苦せしむ」、「高殿に居て聖父をして下地に坐せしめ、焦心落涙せしむ（道真左遷を聞いた宇多が内裏へ駆けつけた際のことをいうとされる）」、「賢臣辜无く、誤りて流す（道真左遷）」、「久しく国位を貪り（在位三三年）、怨を得て法を滅す」、「自ら怨敵をして他衆生を害せしむ」の五つの本罪と枝葉無量の余罪により休みなく苦を受けており、苦しく悲しい。このことを主上（朱雀天皇）に奏し、我が身の辛苦を救済してほしい。また、摂政大臣（藤原忠平）に我が抜苦のため一万卒塔婆《そとば》を起てるよう告げてほしいと聞かされたというのである。

冥土記と夢記の関係については議論のあるところであるが、冥土記の成立を十世紀半ばから末とする説（真壁俊信「日蔵上人の伝承にみえる天神信仰」〈同『天神信仰の基礎的研究』一九八四年〉。竹居明男「日蔵冥界遍歴譚覚え書」〈『古代文化』二八―三、一九七六年〉。河音能平「『道賢上人冥土記』・『日蔵夢記』考」〈同『天神信仰の成立』二〇〇三年〉）に従うならば、時平の子息たちが道真の怨霊の祟りを恐れたとする『大鏡』より早く、醍醐堕地獄説話がまとめられていた可能性があることになる。ただし、それがどのようにして語り出されたのかを史料によって明らかにすることは困難である。たとえば、道真怨霊譚の流布に兄時平から藤原北家嫡流の地位を継承した忠平の関与を想定する説があるように（角田文衛「菅家の怨霊」〈同『紫式部とその時代』〉）、醍醐堕地獄説話も道真怨霊の矛先を藤原北家に向けさせない、あるいは、藤原北家が祟りの第一の対象ではないとするために語り出されたものと考えられなくもない。が、その場合も、その内容は一定の妥当性をもって受け入れられるものでなければ意味をなさない。とすれば、貴族社会においては、道真左遷に果たした醍醐の役割が相応に認識されていたとしてよいであろう。

ただし、道真自身は自らの左遷を醍醐のなしたこととは思っていなかったであろうし、没後、自らが怨霊となって祟りをなすとされたことは全く心外であったろう。

2 京国帰らんこと何れの日ぞ

「詩臣」の終焉

道真は、大宰府条坊の右郭にあった謫居を「南楼」(484)・「南館」(493)と称しているが、それは現在の榎社の位置にあったとされる。『菅家後集』に収められている、大宰府で道真が詠んだ詩は、いずれも深い憂愁《ゆうしゅう》と煩悶《はんもん》に覆われている。

自詠(476)

離家三四月　　離家　三四月

落涙百千行　　落涙　百千行

万事皆如夢　　万事　皆夢の如し

時々仰彼蒼　時々　彼蒼《ひそう》を仰ぐ

道真左遷の半年後、昌泰四年（九〇一）七月十五日に「延喜」と改元された。道真は「開元の詔書を読む」（479）という詩を詠んでいるが、詔書中に「鯨鯢《げいげい》（雌雄の鯨。転じて、悪人のかしらの意）」という語があることについていう。「此の魚何ぞ此に在らん、人は遵《い》う　汝が新しき名と。舟を呑むは我が口に非ず、浪を吐くは我が声に非ず。哀しきかな　放逐せらるる者、蹉跎《さた》として精霊を喪う」。道真の詩によれば、詔書では改元理由として今年が辛酉革命の年に当たることと老人星《ろうじんせい》の出現があげられていたことが知られるが、それは、三善清行《みよしのきよゆき》が二月二十二日に呈した「改元して天道に応ぜんことを請う状」（革命勘文『群書類従』雑部）で昌泰四年が「大変革命」の年に当たること、去年秋の彗星と老人星出現とを改元理由としてあげていることと一致している。さらに清行は、天平宝字《てんぴょうほうじ》九年（七六五）を天平神護《てんぴょうじんご》元年としたことをもあげていた。清行が、天平神護改元は前年の藤原仲麻呂《なかまろ》の乱平定を受けてのことであると主張していることと、延喜改元詔書に「鯨鯢」の語が用いられているところから、この改元を「巨魁《きょかい》道真の左遷を正当化する目的のための手段」とする見解もある（所前掲『三善清行』。谷口真起子「「開元の詔書を読む」と延喜改元」〈『菅原道真論集』〉）。自らが「鯨鯢」と指弾されたことは、道真にとっては耐え難いことであったであろう。

聞旅雁　(480)

我爲遷客汝來賓
共是蕭々旅漂身
攲枕思量歸去日
我知何歳汝明春

我は遷客たり　汝は来賓
共に是　蕭蕭《しょうしょう》として旅に漂う身なり
枕を攲《そばだ》てて思量す　帰り去《い》なん日を
我は何れの歳とか知らん　汝は明春

この詩については、「前二句で自分と雁が類似した境遇にあることを述べたうえで、後二句で両者の決定的な違いを指摘し、都に帰る希望のない身の上を嘆く」との指摘がある（小島・山本前掲書）。本書冒頭で、左遷後、道真を大宰府行政に関与させないこと、任中の給与も従者も与えないとする官符が発給されたことに触れたが、官符ではそうした措置を「前員外帥正三位藤原朝臣吉野の例」によるとしていた。藤原吉野は承和の変に際して員外帥《いんがいのそち》に左遷されて大宰府に赴き、二年後に山城国《やましろのくに》に遷されたものの入京は許されず、翌年に没している。道真もこのことは国史によって知っていたはずである。吉野は承和の変の首謀者と見なされたわけではないにもかかわらず、こうした境遇に置かれたことからすれば、廃立を企図したとされた自身にはより厳しい措置が講じられるであろうことを道真は推知していたであろう。むろん、だからといって道真自身の思いとしては、都へ帰ることを諦めることなど到底できなかったであろう。大宰府到着からしばらくの間、道真は理性のもたらす自身の境遇についての認識と、それを受け入れがたい感性の狭間でもがき苦しんでいたのではないだろうか。

道真の心境に変化が現れたと筆者が考えるのが、左遷された年の秋に詠んだ、道真詩の最長編「叙意一百韻」(484)である。「生涯　定地なく、運命　皇天に在り」と人生の転変、それについて自身は無力なことから詠み始め、大宰府までの旅やそこでの住まい・暮らしについて叙し、官人としての歩みをふり返り、同じように左遷の憂き目を見た中国の文人たちと自身を比べる。そして、「器拙《つたな》きに豊沢を承け、舟頑《かたくな》なれども巨川を渡れり。国家の恵み未だ報いざるに、溝壑《こうがく》恐るらくは先ず塡《うず》もれなんことを」と国恩に十分に報いることができないまま死を迎えることになるのではないかと述べる一方で、「法は金科《きんか》の結よりも酷《きび》しく、功は石柱に鐫《え》ることを休《や》めたり、忠の甲冑と成らんことを悔い、罰の戈鋋《かせん》よりも痛きを悲しむ（法は過酷に適用され、かつての功績も後世に伝えられることもないだろう。国家に忠誠を尽くすこと甲冑のようであろうとしてきたことをいまは悔い、戈鋋よりも厳しい刑罰を悲しむばかり）」と抑えがたい憤りと無念さを吐露《とろ》する。「京国帰らんこと何れの日ぞ、故園来りしことの幾ばくの年ぞ」、「縦使《たとい》魂をして峴《けん》を思わしめんも、骨の燕《えん》に葬らるるは如何《いかん》（晋《しん》の羊祜《ようこ》は魂は死後も愛した峴山《けんざん》に登るだろうと遺言したが、もし彼が遠い燕で客死して葬られたとしたら、それも叶わないであろう）」と都への思いを述べるものの、「意を除ぶる千言の裏、何人か一に憐れむべけん」と嘆いて筆を擱く。

この詩で注目されるのは、「忠の甲冑と成らんことを悔い」の一句である。これは、『礼記』儒行の

「儒に忠信以て甲冑と為し」によるとされるが（川口前掲『菅家文章・菅家後集』）、その文章は次のように続く。「礼儀以て干櫓《かんろ》と為し、仁を戴きて行き、義を抱きて処《お》り、暴政有りと雖も、其の所を更《か》えざる有り（儒者は忠信を甲冑の代わりとし、礼儀を盾の代わりとして侮り侵すものを防ぐ。仁を行い義を守り、暴政の世においても志操を変えることがない〈市原亨吉・今井清・鈴木隆一『全釈漢文大系一四　礼記下』一九七九年〉）」。直前の句で「功は石柱に鐫ることを休めたり」とこれまでの功績が後世に伝えられないことを嘆いていることからすれば、儒臣・詩臣として身を持し、天皇と国家に仕えてきた過去を否定しようというのではないが、しかし、今になってみればそう務めてきたことが悔いられるというのである。「暴政有りと雖も、其の所を更えざる有り」というが、流謫《るたく》という「暴政」の犠牲とされたいま、「其の所を更えざる」ことははなはだ困難であるとの意が言外に示されていると解することも、あながち誤りではないであろう。道真が置かれた状況では、これからは臣として仕えること自体が叶わないのであるが、道真自身の意識において、むしろ臣として仕えることを封印しようとしているのではないだろうか。とすれば、それは道真の自己規定の放棄にほかならない。来し方をふり返り、絶望的な行く末に思いを馳せるこの長編詩を詠むなかで、道真はこれまで自身を支えてきたものが根底から崩れ去ったことを自覚せざるをえなかったのではないだろうか。これ以後の詩で宇多や醍醐に触れることも、恩沢をうたうことがないのもそのためであろう。こうして国家と、臣としてのそれへの奉仕から遮断された道真はひたすら自身の内面へと沈潜し、それゆえに時代を超えて心を打つ詩を残すことになるのであるが、それは歴史の皮肉というほかないであろう。

遷客の悲愁

左遷二年目の春には、梅の花を見て次の詩を詠んでいる。

梅花（495）

宣風坊北新栽處
仁壽殿西内宴時
人是同人梅異樹
知花獨笑我多悲

宣風坊《せんぷうぼう》の北　新たに栽《う》えし処
仁寿殿《じじゆうでん》の西　内宴の時
人は是同じき人　梅は異なる樹
知んぬ　花は独り笑《え》みて　我悲しみのみ多きを

都の宣風坊にあった自邸の庭の梅と、詩臣として詩宴に列した誇らかな思いと重なる仁寿殿の梅とを思い出しているのだが、それらに親しんだ時を思い出して心が揺れるというより、異境の地でほほえむように自らを見下ろす梅の花と、それを悲しく見上げる自分とを、ただありのまま詠んでいるように思える。

道真の生涯と詩については、讃岐守時代と大宰府時代という苦境において、すぐれた詩が詠まれたとの理解が古くからある（高山樗牛『菅公伝』一九〇〇年）。しかし、讃岐守任官は必ずしも左遷とはいえないこと、讃岐守時代の詩によれば道真は国司の職務に精励していたこと、何よりも四年の任期が終われば都へ帰り、再び詩臣として立つことを期しており、讃岐守時代の詩作もそのための錬磨という側面があることはすでに述べたとおりである。それに対して大宰府時代は、詩臣・朝臣としての再起はおろか都へ帰ることさえおぼつかなかったのである。そのような中で臣として仕えることを封印したとする先の理解が首肯されるならば、道真にとってのそれ以後の詩が持つ意味は、讃岐守時代のそれとは全く異なるものであったことになるのではないだろうか。大宰府謫居《たつきょ》中の道真にとっての詩がもつ意味を的確に指摘することは筆者の力の及ぶところではないが、天皇と国家に仕える詩臣としての自らの存在に関わるものとしての詩から、天皇も国家もなく、ただ自らと向き合う鏡としての詩へ、とでもいえようか。「詩友は独り留まる　真の死友」、「志の之く所」(477)という道真の言葉は、それを物語っていよう。

こうして自らの心を語りかける唯一の対象となった詩の中にしばしば現れてくるのは、仏道への帰《き》依《え》である。「叙意一百韻」にも「合掌して仏に帰依す、廻心して禅を学習す、厭離す　今の罪網、恭敬す　古の真筌《しんせん》、皎潔《こうけつ》たり　空観の月、開敷す　妙法の蓮、誓い弘くして誑語なく、福厚くして唐捐《とうえん》ならず」というのをはじめ、母の影響によるのであろう、「合掌して観音を念ず」(494)という(観音を念じることは後掲「偶作」にも見える)。また、茅屋の前に菊の苗を植えたのも「是れ花の時に世《せ》尊《そん》に供えんがためなり」(497)という。詩臣としての道真にとって、菊は重陽宴、重陽後朝、九月尽などに際しての応制詩に詠むものであったが、もはやそのような場で菊とまみえることは望むべくもない。「処に随いて空王　釈迦に事《つか》う」（504）のは、「唯願わくば我が障難を抜除したまわんことを」（506）との思いからであった。老荘思想への言及も見られる（484・504）。
ただ、そのようにして心の平安を得ようとしても、遠く離れた家族のことは気がかりであったろう。「叙意一百韻」で「絶えて伝わらず」と嘆いていた「家書」がようやく届く。

読家書（488）

消息寂寥三月餘
便風吹著一封書
西門樹被人移去
北地園教客寄居
紙裹生薑稱藥種
竹籠昆布記齋儲
不言妻子飢寒苦
爲是還愁懊惱余

消息寂寥《せきりょう》たり　三月余
便風《べんぷう》吹著す　一封の書
西門の樹は人に移去せらる
北地の園は客をして寄居せしむ
紙に生薑《しょうが》を裹《つつ》み薬種と称す
竹に昆布を籠《こ》め斎《さい》の儲けと記す
言わず　妻子の飢寒の苦しみを
これがために還りて愁《うれ》え　余を懊悩《おうのう》せしむ

心待ちにした便りであったが、道真に心配をかけまいと妻子の飢寒の苦しみをいわないことが、かえって道真には苦しかった。左遷によって、「衆姉は惣べて家に留まり、諸兄は多く謫去す。少男と少女は　相随い相語ることを得」た。同行した幼子は「昼は飡《ものく》うに常に前に在り、夜は宿《い》ぬるに亦《も》処を同じくす」ることができた。公卿の子どもながら没落して博徒や路頭で琴を弾くようになった者もいるとして、「汝らを彼らに思量するに、天感甚だ寛恕《かんじょ》たり」（483）と詠んでいたが、ささやかな癒しであった男子も夭逝した（503）。

「灯滅二絶」という連作で詠んだ灯の消えた暗やみ、それは自らの置かれた状況そのものであったが、その中にあって「得ること難し　灰心《かいしん》と晦跡《かいせき》と（火が消えた後の灰のように心を無感動な忘我の状態にしたり、また闇に隠れるように世間から逃れて隠者として暮らすことは、わたしにはむつかしい）」（508）、「遷客の悲愁　陰夜に倍す、冥冥《めいめい》の理は冥冥に訴えんと欲す（流され人の悲しみは、月のない闇夜にはひときわ深まる。人には知ってもらえないこの道理を、わたしは奥深く遠い天にむかって訴えたいと思うのだ）」（509）と孤独と向き合う（ともに訳は小島・山本前掲書による）。

次の詩も、孤絶した自身の描写である。

九月盡（512）

今日二年九月盡　　今日《こんにち》二年九月尽《じん》

此身五十八廻秋　　此の身　五十八廻の秋

思量何事中庭立　　何事を思量して中庭に立つ
黄菊残花白髪頭　　黄菊《こうぎく》　残花　白髪頭

「脚気《かつけ》と瘡癢《そうよう》」(500)を患った身に老いが迫る。

偶作　(513)

病追衰老到　　病いは衰老を追いて到る
愁趁謫居來　　愁えは謫居を趁《もと》めて来る
此賊逃無處　　此の賊《あだ》　逃るるに処なし
觀音念一廻　　観音　念ずること一廻

そして、『菅家文草』巻頭の、志に燃えた若き日に梅花を詠んだ詩に対応させるかのような次の詩で、『菅家後集』は閉じられた。

謫居春雪　(514)

盈城溢郭幾梅花　　城《しろ》に盈《み》ち郭《くるわ》に溢《あふ》る　幾ばくの梅花ぞ

猶是風光早歳華　猶し是れ風光は　早歳《そうさい》の華
雁足黏将疑繋帛　雁の足に黏将《ねや》しては　帛《きぬ》を繋ぐかと疑う
烏頭點著思歸家　烏の頭《かしら》に点著《つ》きては　家に帰らんことを思う

雪は町の城壁の中いっぱいに満ちあふれて、いったいどれだけの梅の花が咲いているように見えることか。やはりこの雪景色は、一年の初めの美しい花だ。この白い雪が、もし雁の足に粘り着いていたら、それを見てわたしは白い布に書かれた、都の家族からの手紙かと思うだろう。また白い雪が烏の頭にぽつんと付いていたら、烏の頭が白くなったかと見誤って、これでもう家に帰れるのだと思うことだろう（「雁足」は、匈奴《きょうど》の捕虜となった蘇武《そぶ》が、白い絹に書いた手紙を雁の足に結んで救出された故事、「烏頭」は、秦に人質として捕らわれ、烏の頭が白くなり馬に角が生えたら帰そうと言われた燕の太子丹が天に祈ると、本当に烏の頭が白くなり馬に角が生えて帰国できたという故事をそれぞれふまえる。小島・山本前掲書）。

道真とその時代が残したもの　エピローグ

寛平・延喜の国制改革1

藤原基経《ふじわらのもとつね》没後、寛平《かんぴょう》の治《ち》と称される宇多《うだ》天皇の親政が始まり、道真《みちざね》は公卿としてそれを支えたことはすでに見たところであるが、寛平の治のもっとも重要な意義は、九世紀に進行した国家支配の動揺・危機を克服し、律令制に基づく支配とは異なる新たな支配の仕組みを構築したことであった。醍醐朝にも引き継がれた九世紀末から十世紀初頭のこの一連の政策・政治過程を寛平・延喜《えんぎ》の国制改革という。

寛平・延喜の国制改革については、プロローグで述べたように、かつてはそれを律令制とは異なる新たな支配の仕組みとそれに立脚した「王朝国家」の創出と位置づけ、改革の担い手や、当初は律令制再建策として始められたものがどの段階から律令制と決別していくのかなどについて議論が重ねられてきた。が、一九九〇年代以降、寛平・延喜の国制改革による王朝国家への転換を否定し、十世紀半ばに新たな支配の仕組みの出現を見る見解が提起されるようになった。近年はそうした見解が受け入れられつつあるが、王朝国家論の立場からの批判もある（下向井龍彦「平安時代史研究の新潮流をめぐって―十世紀後半画期説批判―」〈『研究と資料』一五、一九九七年〉）。以下では、寛平・延喜の国制改

北野天満宮楼門扁額

革について見ていこう。

第Ⅱ章第2節において、富豪の輩《ともがら》の台頭と彼らへの国司による収奪の強化（具体的には中央への貢納物請負と私財による未進補塡）、それに対して富豪の輩は国司告発や襲撃で抵抗するようになったことを見たが、貢納物請負と未進補塡をめぐる国司と富豪の輩の対立は、さらに深刻な事態を生み出していた。富豪の輩が院宮王臣家《いんぐうおうしんけ》と結びつき、その威を楯に国司支配を脅かすようになったのである。院宮王臣家（以下、王臣家）とは太上天皇・中宮《ちゅうぐう》・東宮《とうぐう》・皇族と藤原氏や賜姓源氏などの上級貴族をいう。それと富豪の輩との結合の実態は次のようであった。

「美濃国解《こくげ》を得るに偁わく、凡そ諸国の例郡司を分配して租税調庸専当に充て、士浪を駈役して進官雑物綱丁に差す。もし官物を損失することあらば預人の私物を取りその欠負を塡納せしむ。而るに此の国の人心巧多くして只に姧欺を事とす。官物を欠失するに至りては、国司その私物を没して官倉に運納せんとするに臨みて、忽ちに宮家に就けて仮に寄進となし、その家牒を請いて当国に送り、或いはこれ家の出挙物と云い、或いは寄進借物の代と云い、ある時は札を懸けある時は杭を打つ。此の如き違濫《いらん》あげて計うべからず。国司詳しく家物にあらざるを知れども権勢を恐れとなし、目を撃《まじろが》し口を閉ざす。是が故に官物已に未進を致し、国宰その負累を罹《うれ》う。国の治まり難きこと、これより大なるはなし。」（寛平七年〈八九五〉九月二十七日官符〈『類従三代格』。以下、同じ〉）。

「諸国姧濫の百姓課役を遁れんがため、動《やや》もすれば京師に赴き、好んで豪家に属し、或いは田地を以て詐りて寄進と称し、或いは舎宅を以て巧みに売与と号し、遂に使を請い牒を取り、封を加え牓を立つ。国吏矯餝《きょうしょく》の計を知ると雖も、而るに権貴の勢を憚り、口を鉗《つぐ》み舌を巻き敢えて禁制せず。これによりて出挙の日、事を権門に託して正税を請けず、収納の時、穀を私宅に蓄えて官倉に運ばず。賦税の済まし難きこと、これによらざるはなし。しかのみならず賂遺の費やすところの田地、遂に豪家の庄となり、奸搆の損ずるところの民烟、長じて農桑の地を失う。終に身を容るるところなく、還りて他境に流冗す。」（延喜二年〈九〇二〉三月十三日官符）。

「河内・参河・但馬等の国解を得るに偁わく、この国久しく流弊を承け、民多く困窮す。就中《なかんずく》頗《すこぶ》る資産有りて事に従うに堪ゆべきの輩、既に諸衛府《えふ》の舎人《とねり》を帯し、また王臣家の雑色《ぞうしき》となり、皆本司本主の威権を仮り、国宰県令の差科に遵わず。」（延喜二年四月十一日官符）。

富豪の輩が自らを王臣家に仕える王臣家人と称して人身への課役を拒否し、自らの経営する土地は寄進して王臣家の荘園（王臣家荘）としたと称して土地への課税を逃れようとしており、国司はそれが偽りと知りながら、王臣家の権威を恐れて対応できないでいる。出挙も王臣家から借り受けるとして正税出挙の負担（正税班挙《はんこ》）を拒否しているというのである。富豪の輩が結びつきを求めたのは王臣家に留まらず、延喜二年四月十一日官符に見られる衛府などの中央官司もその対象であった（以下では煩雑を避けて王臣家と称する）。

王臣家と富豪の輩の結合は、国司の収奪を逃れようとする富豪の輩の行動に起因するが、同時に、王臣家も積極的な動きを展開した。王臣家は本来政府から封戸物《ふこぶつ》という給与を、官司はその運営経費を支給されていた。しかし、九世紀に入ってそれらの財源である調庸《ちょうよう》の貢納状況が悪化してくると、王臣家はその確保のためと称して使者を諸国に派遣し、富豪の輩と結ぶことで優先的に貢納物を納入させたり、出挙や借物による負債を口実に富豪の輩の取り込みを図るようになった。さらには富豪の輩の土地相論（訴訟）に王臣家が介入することさえ行われた。王臣家と富豪の輩の結合とは、国家機構を通じての収奪と分配が困難になる中で、王臣家と諸官司がそれぞれに富豪の輩と結びつき、いわば個別的に財源を確保しようとしたところに生起した動きでもあった。王臣家のこうした動向は承和年間に畿内諸国ですでに見られ、貞観年間には全国的な問題となっていた（坂本賞三『荘園制成立と王朝国家』〈一九八五年、第一章〉。市大樹「九世紀畿内地域の富豪層と院宮王臣家・諸司」〈『ヒストリア』一六三、一九九九年〉）。なお、王臣家と富豪の輩の結合は王臣家の所在地を含む畿内地域で顕著であり、畿内固有の特質もあったが、寛平・延喜の国制改革に関わる官符に引く国解が大宰府管下の西海道以外の諸国に広く及んでいることからすれば、それを畿内地域の問題としてのみ理解すべきではない。

寛平・延喜の国制改革は、国司支配を脅かす根源である王臣家と富豪の輩の結合を断ち、富豪の輩を国司支配に服させることから着手された。その嚆矢《こうし》は、諸司・諸家の使者が貢納のために上京した郡司雑掌から優先的に、また暴力的に貢納物を奪うことを禁じた寛平三年五月二十九日官符である。同年六月十七日には王臣家の使者が国司の許可を得ずに国内に赴き、百姓を凌轢《りょうれき》し、田宅を略奪し、調庸を妨取することを禁じる官符が出された。まず、王臣家の使者による違濫について、それが都で富豪の輩を待ち受ける場合と、諸国へ出向く場合の双方について禁じたのである。同時に、前者の官符が王臣家使による貢納物の先取を禁じることで「納官封家未進の弊」をなくすことをうたい、後者の官符が王臣家が受領すべき調庸すなわち封戸物の未進があれば国司に弁進させるとしていることは、王臣家の正当な収入を確保することによって、王臣家側から富豪の輩との結合を求める要因を排除することを企図していることが知られる。寛平六年七月十六日には、王臣家使が諸国からの貢納物を載せた船や馬を待ち受け、それらを強制的に雇うと称して実質的に奪い取ることを禁じる官符が出されている。一見、寛平三年五月官符と変わらぬ内容のようであるが、貢納物先取が禁じられたのに対抗するべく、王臣家使が「強雇」という方便を持ち出しているのである。そうしなければかつてのような貢納物先取が困難になっているからであり、さらに政府はその対抗手段をも封じ込めようとしているのである。延喜元年十二月二十一日には、諸院諸宮諸家使が同行する従者が諸国で百姓を凌轢するのを禁じている。

国司支配を脅かす人の問題としては、国司の任期を終えた者や王臣子孫ら京戸子弟が外国《げこく》に居住して国務を妨げることと、逆に外国百姓が課役を逃れるために京戸に移籍することを禁じるとともに、国家から認められた舎人や資人《しじん》以外の者が王臣家に仕える、すなわち王臣家と私的に結びつくことや、「無頼奸猾の類」が王臣家人と称して騒擾することを禁じている（寛平三年九月十一日、寛平六年十一月三十日）。また、五位以上の前国司が任期終了後も任国に留まったり、たやすく畿外に出ることを禁じ、さらに五位以上と孫王は治病や氏神・氏寺での行事への参加を除いてたやすく畿外に出ることを禁じた（寛平七年十一月七日、十二月三日）。

国司による富豪の輩からの収奪を確実にするための策も打ち出されていく。寛平六年二月二十三日、国内で耕田する者は土人《どにん》（その国に本貫を有する者）・浪人（他国からの流入者）、貴賤を問わず一段当たり五束以上の正税出挙を受けさせることとした。これは、「諸司官人雑任并びに良家子弟内外散位以下及び諸院諸宮王臣勢家の人」が「正税を班挙するに至りて偏に官位及び本主を恃《たの》み、国司に対捍してかつて承引することなし」という状況であったことから、身分の高下、王臣家との結合如何によらず、国内で土地経営を行う者を一律に課税対象としたのである。また、正税出挙拒否の理由である王臣家の私物による出挙を、それが「租税収め難く、調庸未だ進めず」という事態の原因であるとして禁止した（寛平七年三月二十三日）。それから半年ほど後には、郡司百姓すなわち富豪の輩が王臣家牒を得て、私物を王臣家の出挙物・借物・寄進物などと称して国司の収奪を逃れようとすることについて、たとえ王臣家牒があっても、正当な理由がなければ王臣家のものと認めないこととした（寛平七年九月二十七日）。荘家《しょうか》に蓄えられた王臣家の稲穀が私物による出挙や借物の財源とされるからである。こうした諸策は、いわゆる延喜荘園整理令と総称される官符中の、王臣家と五位以上による百姓の田地舎宅の買い取り禁止と「諸院諸宮王臣家、民の私宅をいつわりて庄家と号し、稲穀等の物を貯積するを禁断すべき事」につながる（延喜二年三月十三日）。

また、国司の裁判権を脅かす王臣家の相論介入についても、寛平八年四月二日に諸院諸宮王臣家が百姓に代わって田宅資財について相論することを禁じ、延喜五年十一月三日にも同じことを改めて令している。富豪の輩と結合した王臣家の諸国進出は、先に見たようなその使者による実力行使もさることながら、訴訟という合法的手段によっても他の富豪の輩の経営を脅かしており、その脅威から逃れるために彼もまた王臣家と結びつくという悪循環を引き起こしていたのである。延喜五年八月二十五日には、王臣家が田宅資財のことについて、国司の許可を得ず、家符を発給して直接郡司らを威圧することを禁じた。

一方、中央の諸官司と富豪の輩との結合についても、諸衛府の員外舎人の定数を定め（寛平三年十二月十五日）、郡司が左右近衛府の門部《かどべ》・兵衛《ひょうえ》となっている場合は門部・兵衛を解任することとした（寛平六年十一月十一日）。それは国司に「施治の便」を得させるためであるという。郡司や富豪の輩が衛府官人の肩書きを得、それを楯に国司支配に従わないことを禁じようというのである。昌泰四年（九〇一）閏六月二十五日には、衛府舎人の身分を得ながら都で舎人としての務めを果たさず、国にあって耕田し、その身分を楯に租税負担を拒否する者を罪科に処することとした。そして延喜二年四月十一日には、「夫れ普天の下王土に非ざるは無し、率土の民何ぞ公役を拒まん」と王土《おうど》王民《おうみん》思想を掲げて、諸司の下級官人や衛府舎人、諸院諸宮諸王臣家の家人の身分を得ながらそこに勤めず、国内に居住する者については、貢納のための雑役に充てることとした。旧来からの思想が、新たな政策の根拠としての意味を付与されて主張されたのである。

以上の諸施策は、富豪の輩が王臣家との結合に依拠して国司支配に抵抗することと、王臣家が富豪の輩との結合を根拠に国司の国内支配に介入することをともに封じ、国司の国内支配権を確立して富豪の輩からの収奪を確保しようとするものであった。こうして確立された国内支配を担い、政府に対して任国支配の責任を一身に負うことになった国司が受領と称されたのである。第Ⅱ章第2節で述べた調庸・雑米惣返抄の成立に見られる任国支配の責任の集中も、こうした政策動向、従って寛平・延喜の国制改革の一環である。

なお、既に指摘されていることではあるが、王臣家と富豪の輩の結合を断つというのは、両者が一切関係を持たないようにすることをいうのではない〈下向井前掲「国衙支配の再編成」。吉田孝・大隅清陽・佐々木恵介「九―一〇世紀の日本―平安京」〈『岩波講座日本通史第五巻古代四』一九九五年〉。吉川真司「院宮王臣家」〈同編『日本の時代史五　平安京』二〇〇二年〉〉。繰り返すが、これらの諸施策が意図したのは王臣家と富豪の輩の結合が国司支配の妨げとなることを排除することであったから、両者の結合が存在しても、それが国司支配の妨げにならなければ何ら問題とはなりえなかった。たとえば、国内に居住する諸司官人・衛府舎人・王臣家人らを貢納の雑役に充てるとした延喜二年四月十一日官符では、対象となる富豪の輩の中に「封家の人」、すなわち封戸物を支給されるべき王臣家の家人がいた場合には、彼らに「本主料物」、王臣家に納めるべき封戸物分を差し預けよ、つまり、当該の富豪の輩に本主への封戸物納入を果たさせよとしているのである。富豪の輩が本主と仰ぐ王臣家への封戸物納入を拒否した場合、国司はもとより本主である王臣家からも納入を促されることになる。王臣家と富豪の輩との結びつきはもはや貢納拒否の手段としては機能せず、むしろ国司によって王臣家への封戸物納入のために利用されるものに転じているのである。王臣家と富豪の輩との関係は存在しても、富豪の輩は国司の支配下に位置づけられ、王臣家の要求も国司を介して実現されるようになったことこそが重要なのである。従って、十世紀以降も王臣家と富豪の輩の結合が見られることをもって、王臣家と富豪の輩の結合を断つという寛平・延喜の国制改革の意図は実現されず、改革はそのもっとも基底的な政策において実効性を有しなかったとする評価は当たらない。十世紀以降の国司支配への抵抗である国司苛政上訴や群盗蜂起が、王臣家との結合に依拠していないことは、それがもはや国司への抵抗の拠り所とはならなくなっていたことを明瞭に物語っている。

寛平・延喜の国制改革2

第Ⅱ章第2節で述べたように、九世紀に入り、戸籍・計帳に基づく個別人身支配も、国家による土地支配を前提とした班田収授も円滑に行われなくなっていった中で、国家は収奪対象を全正丁《せいてい》から富豪の輩へ、全正丁を対象とする人頭税としての調庸から富豪の輩の経営する土地への課税へと移していった。従って、富豪の輩と王臣家の結合を断ち、富豪の輩を受領の支配に服させた上で、彼らからの租税収奪を円滑に行うためには、富豪の輩の経営を保障しつつ、土地への課税を確実にするための策を講じることが必要であった。

すでに見た耕田数に応じた正税班挙を命じた寛平六年二月二十三日官符は、その最初の対応である。その後は正税班挙を確実にするための官符（寛平七年三月二十三日・九月二十七日官符）が出されているが、寛平八年四月二日には、王臣家が三年不耕（土地開墾の申請後三年の間に開墾されなければ、他人の開墾を許す）を根拠に百姓の小規模な墾田を奪うことを禁じるとともに、五位以上の者の位官にともなう位田《いでん》・職田《しきでん》以外の営田を禁じた。同日には、王臣家が富豪の輩に代わって田宅資財の相論を行うことも禁じている。

延喜荘園整理令と総称される延喜二年三月十二日と十三日に出された官符は、律令制の国家的土地所有と相入れない九世紀に進展した天皇家や王臣家の私的大土地所有の制約という観点から議論が重ねられてきたが、以上に見てきたような寛平・延喜の国制改革の政策動向の中に位置づけて理解する必要がある。三月十二日官符は、生鮮食料品などを天皇に貢する御厨《みくりや》や王臣家厨が「近辺百姓多く生産の便を失う」として、その濫立を禁じたものである。翌日には、王臣家による山川藪沢《そうたく》の占取、富豪の輩の私宅をいつわって荘家と称し稲穀などを貯積すること、勅旨《ちょくし》開田、王臣家・五位以上による百姓の田地舎宅の買い取り、開発のための土地占取を禁じた。これらは王臣家の土地支配を制約し、土地を媒介とした富豪の輩との結合を断ち、受領の土地に対する支配権を確立しようとしたものである。

そして同日、「班田を勤行すべき事」とする官符が出された。一紀（一二年）ごとの校田《こうでん》と授口帳《じゅこうちょう》（班田収授対象者名簿）提出、その結果を受けての班田の励行を命じていることから、一般にはこの官符を含む延喜荘園整理令は律令制再建策と考えられており、しかもそれが実現されなかったことから、延喜荘園整理令、ひいては寛平・延喜の国制改革そのものの意義を否定的にとらえる論拠とされる。しかし、第Ⅱ章第2節で述べたように、九世紀においては班田は行われないものの校田を行った事例はあり、それは富豪の輩の経営実態の把握を意図したものと考えられること、富豪の輩の経営を前提とした租税収奪のためには、その経営に介入することになる班田実施は必然性が見いだせないことをふまえるならば、この官符が意図したのは校田、すなわち田地の所在・面積・保有者の調査の励行であり、その過程で前日・同日に出された官符が命じた王臣家の土地支配への制約を施行していくことであったと考えるべきであろう。延喜二年三月の一連の官符には一〇〇日以内の施行を命じる文言をもつものが複数ある。実際にその通り施行されたか否かは明証はない。しかし、この文言は、それを含む官符が寛平期から進められてきた国制改革の土地政策の集大成であり、その実行を強く促すものと受領《ずりょう》には受けとめられたであろう（下向井前掲「国衙支配の再編成」）。この校田を通じて、諸国の土地は公田《こうでん》と免田《めんでん》（荘園）に判別されていった。公田はその面積に応じた官物（租《そ》・調庸・正税出挙などに由来）と臨時雑役（雑徭《ぞうよう》などに由来）を国家（直接には受領・国衙《こくが》）に納める土地である。免田は官物（または臨時雑役）相当分を荘園領主に納める土地であった。免田（荘園）の存在も「国務を妨げざれば」、つまり受領支配の支障とならない範囲であれば認められたのである。これ以後、免除領田制や国免荘の認否による諸国の公田・免田の保護・統制は、受領に委ねられることになった（坂本賞三『日本王朝国家体制論』〈第一編、一九七二年〉。下向井龍彦「王朝国家体制下における権門間相論裁定手続について」〈『史学研究』一四八、一九八〇年〉。佐藤泰弘「国の検田」〈同『日本中世の黎明』初出一九九二年〉）。公田・免田ともその経営に当たったのは富豪の輩であり、富豪の輩の経営体は「名《みよう》」、「名」の経営とそこからの納税を請け負った富豪の輩は「負名《ふみよう》」と呼ばれた（坂上康俊「負名体制の成立」〈『史学雑誌』九四―二、一九八五年〉）。

加えて、三月十三日には調庸の「精好」（良質）と、田租を穎《えい》ではなく穀（籾）で収納することが命じられている。調庸はいうまでもなく中央政府の財源に充てられるものであり、穀での収納が命じられた田租は官符によれば王臣家の封戸物と諸官司の大粮《たいろう》（官人食料）に充てるとされていた。先に富豪の輩と王臣家の結合を断とうとする最初の官符が、「納官封家未進の弊」をなくすことをうたっていたことを指摘したが、寛平・延喜の国制改革は一貫して国家機構とそれを運営する貴族・官人の存立に必要な財源を確保することを意図していたのである。富豪の輩の抵抗による調庸租税の未進累積は国家歳入の減少、すなわち財政危機ととらえられたとし、それに対応すべく寛平・延喜の国制改革は律令制的な財政運営に替わる新たな財政運営を導入したとの見解は首肯されるべきであろう（下向井龍彦「国衙と武士」〈『岩波講座日本通史第六巻古代五』一九九五年〉）。

もはや新たな財政運営のあり方に触れる紙数は残されていないが、それは政務・儀礼の用途と、それを担う支配層（天皇と貴族）の存立のための財源に即して、それぞれの確保を図ろうとしたところに特色がある。政務・儀礼の用途、内廷経費、諸官司の運営経費、王臣家の封戸物などの歳出の総計（延喜式の諸官司の必要物品書き上げはそのために作成されたものであろう）に基づいて諸国の負担額が割り当てられ（式数）、受領はそれを滞りなく貢納することを条件に国内支配を委任された（一国支配の国司請負制）。九世紀を通じて進められてきた国司の国内支配における裁量権拡大の行きついた姿であった。受領は貢納先からの求めに応じ、必要なものを、必要なだけ、必要な時に貢納することとなり、そうした随時の貢納に対応するため、受領は自身の都の邸や山崎《やまざき》・淀《よど》の津《つ》、任国の津などの倉に国内からの収奪を蓄積した。受領の邸に蓄えられた財物も第一にはそうした貢納に充てられたのであり、それを受領の私財・私物とのみ理解することは妥当ではない。

受領は四年間の任期終了時に、中央への貢納とその財源に充てられる国ごとの財物確保の状況を中心に主税寮《しゅぜいりょう》・主計寮《しゅけいりょう》、勘解由使《かげゆし》による審査と、延喜十五年から始まった受領功過定《こうかさだめ》といわれる公卿会議での審議・評定を受けた。その結果は天皇に報告され、天皇はそれを参照して受領に位官を与えることで彼らにさらなる精励を促したのである。これに応えるべく、強化された国内支配権を任国に課された貢納物確保のために行使した受領の姿は、『今昔物語集《こんじやくものがたりしゅう》』の説話などに貪欲さを強調して描かれたが、それは国家機構と支配層の存立を支える要であった。式数に基づいて課された恒例の貢納のほかに、十世紀に入って焼亡と再建を繰り返した内裏造営や大嘗会《だいじょうえ》などの天皇即位儀礼、二〇年に一度繰り返された伊勢神宮遷宮など巨額の臨時用途もしばしば賦課された。受領の厳しい収奪は、それらに対応するためであった〈詫間直樹「中央・地方の財政のしくみはどう変わったか」〈吉村武彦・吉岡眞之編集『新視点日本の歴史3古代編Ⅱ』一九九三年〉〉。なお、こうした受領の国内支配に果たす役割の大きさに注目して、十世紀半ば以降を「受領の時代」とする見解があるが〈佐藤泰弘「中世の黎明」〈同『日本中世の黎明』〉〉、それは寛平・延喜の国制改革を経て構築された新たな支配の仕組みの一面を言い当てている。「受領の時代」は王朝国家の成立によってもたらされたのである。

寛平・延喜の国制改革3

寛平・延喜の国制改革は誰によって立案され、推進されていったのであろうか。これについては、改革が貴族・官人層のどの階層の利益を擁護しようとしたのかという観点から論じられてきた。改革の柱の一つは王臣家と富豪の輩の結合を断って国司の国内支配権を強化・確立することであり、改革にかかわる官符の多くは国司の政策提言を承認したり、国司からの上申に政府として対策を打ち出したものであったから、改革に国司の意見が反映されていること、道真や藤原保則《やすのり》のような国司経験者が公卿とされたことがそれを可能にしたことは共通の理解となっている。一方、改革は王臣家には抑圧的であったとみなされ、とくに基経没後から改革が始まることから、宇多・道真らによる王臣家、とりわけ藤原氏抑圧という側面があることが指摘されてきた。

しかし、検税使《けんぜいし》派遣問題（それはまさに国制改革が進行中のことであった）の経緯に明らかなように、改革の必要性・方向性は公卿の中で一定の理解・支持があったし、既に述べたように、改革は当初から王臣家の封戸物や諸官司の財源確保をうたっていた。同時に、あくまで官物・臨時雑役などを国司の命に従って負担する限りにおいてではあったが（それは王臣家の封戸物や諸官司の財源確保を妨げない限りにおいてということである）、富豪の輩の経営を保障することも視野に入れていた。こうしたことをふまえるならば、改革は当該期の国家支配の担い手であった貴族・官人層が国家機構と自らの存続を可能とするための財政基盤確保に向けて支配の再構築に取り組んだと考えるべきであろう。改革によって止揚がめざされた富豪の輩と王臣家の結合は、それによる王臣家と諸官司（国家機構とその担い手）による個別利害の追求であった。それに対して寛平・延喜の国制改革は、国家支配を介して王臣家や諸官司の利害を体制的に擁護しようとしたのである。改革の諸施策の立案と施行に国司の果たした役割が大きいことは既に触れたが、一方で延喜荘園整理令の一連の官符は、官符の文面による限り国司の上申に基づくものではない。その背景に国司の献策があった可能性は大きいと考えるが、それをふまえての政府の主体的政策と見なすならば、それは国家が「訓練された官僚と蓄積された経験と情報収集能力と、そしてなによりも権力とそれを執行する法と機構をもってい」（下向井前掲「平安時代史研究の新潮流をめぐって」）たがゆえに可能であったのである。

もちろん、改革を推進した貴族・官人層が、それによって構築される新たな支配の仕組みの全貌について、初めからその青写真を有していたわけではないかも知れない。しかし、既に見たように、眼前の危機をもたらしている直接の原因である富豪の輩と王臣家の結合を断つことから始め、国司支配の下に編成した富豪の輩からの収奪を確実にするにはどうするか、収奪をどう分配するかなど、対応すべき課題を見据え、順次それへの対応が打ち出されているのである。それらは密接に関連しており、場当たり的な対応で予定調和的に新たな仕組みが生み出されるものではありえない。寛平・延喜の国制改革の政策基調――国家機構とそれを担う貴族・官人層（その頂点に位置する天皇・皇族を含む）の存続を可能とするための財政基盤確保に向けた支配の再構築――は一貫していたと考えられる。改革の具体策の決定・推進に当たって、国司経験を有して右大臣に昇った道真の果たした役割は大きかったであろう。しかし、改革は道真一人の功ではなく、道真と同時代の、そして道真が左遷された後も時平ら残った公卿をはじめとする広範な貴族・官人たちによって実現されていったのである。もし、とりわけて道真の功を指摘するとすれば、それは自らの国司経験に立脚して有効な政策を模索し、それについて遣唐使・検税使派遣問題での対応に見られたように、天皇・公卿の認識を深めるべく努めたであろうことに求められよう。なお、筆者は当該期の政治への貴族・官人層の関与を以上のように理解するので、道真が「高位高官に就いている無能な血統貴族を抑え儒家かつ詩人としての能力を持つ文人貴族」による支配体制を構想し、挫折したとの理解（桑原朝子『平安朝の漢詩と「法」文人貴族の貴族制構想の成立と挫折』二〇〇五年）には従えない。

寛平・延喜の国制改革によって構築された新たな支配体制は、戸籍・計帳に基づく個別人身支配に替わる負名体制、正丁を対象とした人頭税である調庸に替わる土地税としての官物・臨時雑役、国内支配の細部まで中央政府の統制が及んだ国司支配に替わる貢納物完済を条件とした一国支配の受領請負制のいずれもが、律令制とは全く異なる原理の上に立っていた。そうした国家（体制）を、律令国家（体制）と称することは妥当ではない。また、中世のように天皇家や貴族・寺社が荘園に代表される財政基盤をそれぞれ排他的に領有・経営したわけでもない。封戸物などの受納について、王臣家や寺社、諸官司が受領と直接交渉するようになるのも、王臣家などが自立性を高めたからではなく、受領に国内支配が委任されたことによる。受領の任国支配を前提に、それに依拠して王臣家などの財源が確保されたのである。こうした特質をもつ寛平・延喜の国制改革以降の支配体制とその上に存立する国家を、当該期固有の存在として王朝国家（体制）と呼ぶことには十分な妥当性が認められよう（戸田芳実『日本領主制成立史の研究』一九六七年。河音能平『中世封建制成立史論』一九七一年。坂本賞三前掲『日本王朝国家体制論』）。もちろん、改革がめざした富豪の輩からの収奪と貢納物の分配が軌道に乗るまでには一定の期間を要したのであり、近年の研究で注目されている十世紀半ばは、それが安定的に実現されるようになった時期と解される（下向井前掲「平安時代史研究の新潮流をめぐって」、同「摂関期の斎院禊祭料と王朝国家の財政構造―『小右記』を中心に―」〈『九州史学』一五六、二〇一〇年〉）。摂関政治期の華麗な宮廷社会は、王朝国家とその支配体制の上に存立しえたのである。新たな体制の創出期と円熟期を代表する二人の名にちなめば、道真の時代が道長の時代を用意したといえよう。

摂関政治のその後

延長八年(九三〇)九月、醍醐の譲位を受けて八歳の皇太子寛明《ゆたあきら》親王が即位(朱雀天皇)すると、時平の弟で左大臣になっていた藤原忠平《ただひら》が摂政とされた。忠平は朱雀が承平《じょうへい》七年(九三七)正月四日に元服すると、同月二十五日、忠平は摂政辞表を呈した。忠平はこの後六度、計七度にわたって辞表を呈し、ようやく天慶《てんぎょう》四年(九四一)十月三十日に呈した辞表が容れられて十一月八日に関白とされた。これは、天慶二年十一月に平将門《たいらのまさかど》の乱《らん》、十二月に藤原純友《ふじわらのすみとも》の乱《らん》が起きたことも影響していよう。

朱雀の譲りを受けて天慶九年に即位した村上天皇はすでに元服を終えていたから、前摂政の忠平を関白とした。天暦《てんりやく》三年(九四九)に忠平が没すると、村上は関白を置かなかった。それは、基経没後関白を置かなかった宇多の場合と同様に関白となるべき前摂政(摂政経験者)がいなかったためであり、天皇親政への意欲とは関係ない。

関白が前摂政への優遇措置と切り離されるのは、康保《こうほう》四年(九六七)の冷泉《れいぜい》天皇即位がきっかけであった。冷泉はすでに元服していたから摂政を置く必要はなく、また、前摂政もいなかったから本来なら関白も置かれることはなかった。が、冷泉は幼少時より異常な行動が多かったため、太政大臣藤原実頼《さねより》が、摂政経験はなかったが関白として補佐することとなった。これ以後、関白は前摂政に対する優遇措置から切り離されて、元服後の天皇を補佐する職掌としていわば独り立ちしたのである。

冷泉天皇には、同母（藤原安子所生）の弟為平《ためひら》・守平《もりひら》親王がいたが、東宮には兄為平を措いて弟守平が立てられた。為平は醍醐一世源氏の源高明《みなもとのたかあきら》の娘を妻としていたため、為平立太子・即位となれば外戚の地位が藤原氏を離れることになるのを避けるためであった。しかも、安和《あんな》二年（九六九）三月には、左大臣であった源高明が謀反に連座していたとして大宰権帥に左遷された。安和の変である。源高明は左遷から二年後の天禄《てんろく》二年（九七一）、ゆるされて都へ戻っているが、これは昌泰《しょうたい》の変《へん》とともに、摂関政治成立過程における他氏排斥事件であった。安和二年八月には冷泉の譲位をうけて守平が即位し（円融《えんゆう》天皇）、冷泉の関白を務めていた藤原実頼が摂政となった。この後、摂政・関白の地位は藤原北家九条流師輔《もろすけ》息の兼通《かねみち》・兼家《かねいえ》兄弟間、兼家息の道長と孫の伊周《これちか》（道隆《みちたか》息）の伯父・甥間の争いを経て、道長の子孫御堂《みどう》流に継承されていくことになる。

摂政・関白のあり方に関わって、准摂政に触れておこう。准摂政とは、関白または内覧が、官奏《かんそう》（太政官から天皇への奏事）・叙位・除目《じもく》という天皇大権を象徴する政務決裁を摂政の儀に准じて行うことを命じられたもので、その最初は冷泉天皇の関白実頼であった。この時は天皇病中の措置であったが、やがてこれが天皇の元服年齢低下への対応措置とされていくのである。前提となったのは一条天皇の元服である。一条は永祚《えいそ》二年（九九〇）に一一歳で元服したが、それは当時摂政で太政大臣でもあった外祖父藤原兼家の病が重くなる中、兼家在世中に太政大臣として元服の加冠《かかん》役を果たすことと、兼家息道隆の娘定子《ていし》《さだこ》の入内を実現するためであった。元服にともない兼家は復辟《ふくへき》して関白とされたが、わずか三日で病により出家して関白を辞し、その地位は道隆が継承した。ところが、道隆はまもなく関白から摂政とされたのである。これは、一一歳の天皇に政務決裁をさせることが無理なためであった。一条が官奏・叙位・除目を御前儀として行う、つまり自ら決裁するようになるのは一四歳になった年である。この後、三条天皇病中に藤原道長が准摂政を命じられたが、天皇元服に関わる准摂政としては、後一条天皇が寛仁《かんにん》二年（一〇一八）に一一歳で元服した際、摂政藤原頼通《よりみち》が復辟した直後に准摂政を命じられた。これ以後、天皇の元服年齢は概ね一一歳となり、それに対応して関白が准摂政とされることが定着していった。これは、一条天皇元服時の、摂政復辟→関白任命→関白を摂政にするという摂政・関白のあり方の混乱を是正したものである。准摂政補任を必要とした天皇元服年齢の低下は、外戚関係の構築を早めるため子女の入内を急ぐ摂関の意向と貴族社会全体の元服年齢の低下が背景にあったとされる〈米田雄介「准摂政について」〈同『摂関制の成立と展開』初出一九七七年〉。詫間直樹「天皇元服と摂関制―一条天皇元服を中心として―」〈『史学研究』二〇四、一九九四年〉〉。

では、こうして確立した摂関政治の歴史的意義はどこに求められるであろうか。天皇制を含め、すべての世襲君主制は、然るべき正統な後継者を血縁者から見いだすことができるかどうかと、それが君主たるにふさわしい人物かどうかという課題を負っている。摂政は、正統による皇位継承を優先させた結果避けられなくなった幼帝即位に対応して、臣下に天皇大権代行を委ねるべく設けられた。摂政設置によって幼帝即位、すなわち成人を待つことなく皇位継承が可能となり、安定的皇位継承が実現されることになった。関白は、本来は天皇元服後に摂政を辞した人物を遇し、摂政としての政務処理経験を天皇補佐に活かすために始められた。摂政・関白いずれも太政官による政務処理を前提に、それを受けて天皇が行う国政の最終的決裁を代行・補佐する職掌である。その地位は藤原北家嫡流によって世襲的に継承され、天皇と摂政・関白は母后を介して血縁で結ばれ、后妃選定に摂政・関白と母后が関与して皇位継承を規定することで安定的な皇位継承と政務運営が可能になった。中世社会の形成に向けた動きが本格化し、それに対応した政治形態としての院政が登場するまでの平安時代中期（摂関政治期）の政治的安定は、王朝国家と摂関政治の成立によってもたらされたのであった。

神とされた道真

大宰府で没した道真は、埋葬の車を牽《ひ》く牛が歩みを止めたところに葬られたとされ、そこに建立されたのが安楽寺《あんらくじ》であり、太宰府天満宮《だざいふてんまんぐう》であるとされる。

一方、怨霊として恐れられた道真を、その託宣によって「右近馬場《うこんのばば》」に鎮祭したのが北野《きたの》天満宮の起こりとされる。「北野」は平安京北郊の原野をいうが、そこでは承和の遣唐使派遣に際して航海の安全を祈って天神地祇を祀ったり（『続日本後紀』承和三年〈八三六〉二月一日条）、元慶年間に藤原基経が「雷公」に年穀豊穣を祈る祭祀を毎年秋に行うなどしていた（『醍醐天皇日記』延喜四年〈九〇四〉十二月十九日条）。北野への道真鎮祭は、道真怨霊が雷公と結びつけられていたことと関わるのであろう。時平没後、その子らはふるわず、それも道真の祟りとされた。一方、時平の弟忠平は生前から道真と親しかったことからその祟りを免れ、時平に替わって藤原北家嫡流を継承できたとの言説がなされてきたが、それは忠平の北家継承を正当化するためのものに過ぎず、忠平が怨霊調伏のため法性寺《ほっしょうじ》に五大明王を本尊とする五大堂《ごだいどう》を建立していることなどから、忠平も道真の怨霊を畏怖《いふ》していたとの説もある（竹居明男「怨霊の幻影―五大堂と摂関家藤原氏―」〈『日本思想史学』一九、一九八七年〉）。道真を右大臣に復した時の廟堂首班は忠平であった。忠平が朱雀天皇の摂政であった時に起きた平将門の乱を描いた『将門記《しょうもんき》』では、道真の霊魂が将門に天皇（新皇）の位記を授けたとしている。

その後、意外なことのようであるが藤原氏の摂政・関白と北野社の関係は深められていく。忠平の子師輔は北野社の社殿整備に力を尽くしたとされ、その子兼家は摂政であった永祚元年（九八九）に賀茂社とともに北野社に参詣している。その二年前の永延元年（九八七）には北野祭が官幣《かんぺい》に預かることとされた。そして兼家の子道隆が関白であった正暦四年（九九三）六月二十六日、道真に左大臣・正一位が贈られた。さらに同年閏十月二十日、道隆弟道兼《みちかね》への道真夢告により太政大臣が贈官された。同時代の貴族は、時平が没後太政大臣を贈官されたので、それと同じになりたいのであろうと述べている（『小右記《しょうゆうき》』同年閏十月六日条）。『道賢上人冥土記』などで道真を「太政威徳天」とするのは、この贈太政大臣に基づくとされる。藤原道長は寛弘元年（一〇〇四）から毎年八月の北野祭に神馬を奉納することとし（『御堂関白記《みどうかんぱくき》』同年八月五日条）、それは院政期摂関家でも行われていた。こうした道真と摂関家の関係から、慈円《じえん》は『愚管抄《ぐかんしょう》』で道真が「摂籙ノ家ヲマモラセ給ナリ」と述べている。慈円の論理は、道真の左遷は、日本が小国なので内覧の臣が二人並び立ってはよくない、藤原氏が天皇を補佐することは天皇家の祖神天照《あまてらす》と藤原氏の祖神天児屋根命《あめのこやねのみこと》との間で決められていた、それを違えるわけにはいかないので道真が藤原氏を守るために時平の讒言によってわざと身を滅ぼしたという、何とも都合のよいものであるが。

今日まで続く学問の神としての道真への信仰の原点は、天神を「文道の祖、詩境の主」（寛和二年〈九八六〉七月二十日慶滋保胤《よししげのやすたね》「賽菅丞相廟願文」）、「文道の大祖、風月の本主」（寛弘九年〈一〇一二〉六月二十五日大江匡衡《おおえのまさひら》「北野天神供御幣并種々物文」〈ともに『本朝文粋』巻第一三〉）とする文人たちのそれであろう。彼らによる道真廟前での作文会（詩会）も一条朝頃からさかんに行われるようになった。文人は官人でもあったから、大江匡衡は「天満自在天神、或は天下を塩梅して一人（天皇）を輔導し、或は天上に日月として万民を照臨す」

31—北野天満宮社殿

32—拝殿（左）から石の間，本殿と続く権現造の祖型をなす北野天満宮社殿

と讃えてもいる。

道真に対する信仰は生前・没後の道真についての物語（天神縁起）を生み出し、それは中世・近世を通じてさまざまな展開を見せた（竹居明男編『北野天神縁起を読む』二〇〇八年）。現代においても多くの日本人が一生に一度は祈願のために訪れるといってもよい天神道真を祀る神社は、全国で一万二〇〇〇社にのぼるという。受験などのきわめて現実的で一時的な祈願であれ、誰に強制されたのでもなく、いや、強制されないからこそ時代を超えて多くの人が訪れる天神は、国民的信仰の対象といってよいであろう。今日も社殿にぬかずく人々を、刻苦勉励したかつての自身の姿と照らし合わせながら、道真は迎えてくれているのであろう。

あとがき

本書執筆のお話をいただいたのは、前著『藤原良房』（山川出版社、二〇一二年）の執筆準備中であった。本書は「摂関政治」と「菅原道真」を二つの主題とするが、前著に続く時期をとりあげて摂関政治の成立についてさらに論じることができること、日本史上の人物で、現代に至るまでわたしたちに身近な存在であり続ける希有な人物といってよい菅原道真について論じることができることから、喜んで執筆をお引き受けした。

しかし、私自身はこれまで道真について論じたことはない。さらに、歴史学研究における関連論文や著書はそれなりに目を通してはいたが、文学研究については全く未知の世界であった。そこで、まず文学研究における関連論文や著書に学ぶことと、『菅家文草』・『菅家後集』の作品を読み進めることとした。膨大といってよい研究蓄積を前にしばし立ちすくみ、意を決してその世界に分け入ってみると、文学研究と歴史学研究の方法や論述の違いにいささかとまどいを覚えたりもした。が、そこで展開される道真作品論や道真論は、本論で述べたように実に豊かで魅力的であった。読者が直接それらに触れることを、ぜひ、お勧めしたい。

本書では論述に必要な道真詩を可能な限り紹介することに努めたが、断片的な引用にとどめざるをえないものも多かった。一句・一行も全体の中でこそ本当の意味を味わうことができるし、そのために道真が推敲を重ねたことを思えば残念であるが、ご海容いただきたい。引用にかかわって頭を抱えたのは、その読み下しと解釈についてであった。それについて本書では全面的に文学研究の成果に依拠することにしたのだが、歴史学研究においても引用史料に返り点を付したり読み下すことで引用者の史料理解を示すように、漢詩についても同様のことが求められる。当然、研究者によって違いが生じる場合がある。しかも、文学研究においては、表現の根拠となった中国の典籍詩文はもちろん、道真の時代にどう読まれていたかをも考慮してのことであるから、いずれが妥当性が高いのかを判断する力量は私には到底ない。不遜の誹りを免れないが、結局、私なりにもっとも魅力を感じた読解を紹介させていただいた。なお、本書では道真の和歌についてとりあげることができなかった。道真和歌についての研究も進められているが、その成果をとりいれることができなかったのは私の力量不足による。

歴史学研究に立ち戻れば、摂関政治と菅原道真という本書の二つの主題とその関係について、史料を読み込む中で、私自身も受け入れていた通説的理解が、意外と根拠に乏しいものであったことに気づくことがしばしばであった。とくに奇をてらうつもりはなかったが、史料に基づいて考ええた私なりの理解を示して、その妥当性について問うこととした。

いま一つ本書においては、道真が生きた九世紀末から十世紀初頭をどうとらえるかについての私見を述べた。私自身は王朝国家論の示した枠組みと、それに否定的な近年の諸説とが相入れないものとは考えていない。王朝国家論が九世紀末から十世紀初頭と、十一世紀半ばの政策動向の変化を強調したことから、王朝国家論はこの二つの時期に国家や社会の構造が一変したと主張しているかのように、いまなお一部には誤解されているようであるが、本書では、九世紀末から十世紀初頭の転換について、それが九世紀を通じての政策的模索のいわば総括だったのであり、政策的模索の結果として九世紀を通じて形成されてきた新たな構造をふまえた支配の再編であることをあらためて述べた。

関連して、かつて同世代の研究者との会話の中で、平安時代の貴族・官人に、王朝国家論が説く国制改革のような政策を立案し施行していく力量があったのかと問われたことがある。おそらく、奈良時代の貴族・官人との比較から発せられたものであろうが、私にはこの質問こそ不思議でならなかった。奈良時代であれ平安時代であれ、支配階級は自らの生存を維持するために必要なものを、自らは何一つとして生産しない。彼らは被支配階級の生産物を収奪することで、生存を成り立たせているのである。とすれば、被支配階級からいかにして恒常的・安定的に収奪を実現するかは、支配階級にとって最大の関心事といって過言ではない。支配階級の存続のために不可欠な収奪を機構的・構造的に可能ならしめることが、「国家」が必要とされた理由の一つであることは論をまたない。律令国家による支配が転機を迎えた九世紀において、変化する現実に対応して、いかなる新たな支配を構築するか。それは、支配階級にとって死活問題だったはずである。もちろん、貴族・官人層にあっても、直面する課題の理解力とそれへの対応の構想力・実現力は一様ではなかったであろう。課題と直接向き合っていた国司層がいわば第一線に立って対応を模索し、公卿層は国司層が力を発揮できる環境を整え、国司層の一層の尽力を促したのである。そうしたこの時期固有のあり方を象徴するのが道真であり、藤原保則であったことは本論で述べたとおりである。

最後に、本書の書名はその二つの主題を反映したものとなっているが、書名に現れない、いま一つの主題はいうまでもなく天皇（制）である。摂関政治は天皇（制）を支えるために創出されたものであり、そのことは本書でいえば藤原基経のあり方によく現れている。また、道真も詩臣として天皇に奉仕し、宇多・醍醐両天皇に対しては近臣・重臣として仕えたのである。律令国家の君主（制）として定置された天皇（制）の最初の変容が摂関政治の成立である。やがて、院政という第二の変容を経て、古代天皇（制）は中世天皇（制）へと推移していく。それは、古代君主（制）として始まった天皇（制）が、変容を重ねながら現代まで続くことになる最初の一歩であった。摂関政治研究は、平安時代天皇（制）研究の一環である。本書がなにがしかそれに資するところがあれば幸いである。

二〇一三年五月三十一日

今　正秀

参考文献（紙数の制約により、単行本のみとした）

秋山　虔『王朝の文学空間』東京大学出版会、一九八四年
阿部　猛『菅原道真　九世紀の政治と社会』教育社、一九七九年
荒木敏夫『日本古代王権の研究』吉川弘文館、二〇〇六年
石母田正『日本の古代国家』岩波書店、一九七一年
大岡　信『詩人・菅原道真―うつしの美学―』岩波書店、一九八九年
大津　透『日本の歴史〇六　道長と宮廷社会』講談社、二〇〇一年
筧　敏生『古代王権と律令国家』校倉書房、二〇〇二年
加藤友康編『日本の時代史六　摂関政治と王朝文化』吉川弘文館、二〇〇二年
川口久雄『平安朝日本漢文学史の研究　上巻』明治書院、一九五九年
同　校注『菅家文草・菅家後集』岩波書店、一九六六年
河音能平『中世封建制成立史論』東京大学出版会、一九七一年
同　『天神信仰の成立』塙書房、二〇〇三年
桑原朝子『平安朝の漢詩と「法」―文人貴族の貴族制構想の成立と挫折―』東京大学出版会、二〇〇五年
河内祥輔『古代政治史における天皇制の論理』吉川弘文館、一九八六年
小島憲之『古今集以前―詩と歌の交流―』塙書房、一九七六年

小島憲之監修『田氏家集注　巻之中』和泉書院、一九九二年
小島憲之・山本登朗『菅原道真』研文出版、一九九八年
後藤昭雄『平安朝文人志』吉川弘文館、一九九三年
同『平安朝漢文学論考　補訂版』勉誠出版、二〇〇五年
同『本朝文粋抄』勉誠出版、二〇〇六年
同『平安朝漢文學史論考』勉誠出版、二〇一二年
今　正秀『藤原良房』山川出版社、二〇一二年
坂上康俊『日本の歴史〇五　律令国家の転換と「日本」』講談社、二〇〇一年
坂本賞三『日本王朝国家体制論』東京大学出版会、一九七二年
同『日本の歴史六　摂関時代』小学館、一九七四年
同『荘園制成立と王朝国家』塙書房、一九八五年
同『藤原頼通の時代―摂関政治から院政へ―』平凡社、一九九一年
同　編『王朝国家国政史の研究』吉川弘文館、一九八七年
坂本太郎『菅原道真』吉川弘文館、一九六二年
佐々木恵介『天皇の歴史〇三　天皇と摂政・関白』講談社、二〇一一年
笹山晴生『平安の朝廷』吉川弘文館、一九九三年
佐藤長門『日本古代王権の構造と展開』吉川弘文館、二〇〇九年
佐藤　信『日本古代の宮都と木簡』吉川弘文館、一九九七年

佐藤泰弘『日本中世の黎明』京都大学学術出版会、二〇〇一年
下向井龍彦『日本の歴史〇七　武士の成長と院政』講談社、二〇〇一年
鈴木靖民『古代対外関係史の研究』吉川弘文館、一九八五年
曽我良成『王朝国家政務の研究』吉川弘文館、二〇一二年
高山樗牛『菅公伝』同文館、一九〇〇年
滝川幸司『天皇と文壇―平安前期の公的文学―』和泉書院、二〇〇七年
竹居明男編『北野天神縁起を読む』吉川弘文館、二〇〇八年
谷口孝介『菅原道真の詩と学問』塙書房、二〇〇六年
土田直鎮『日本の歴史五　王朝の貴族』中央公論社、一九六五年
同　『奈良平安時代史研究』吉川弘文館、一九九二年
角田文衛『紫式部とその時代』角川書店、一九六六年
同　『王朝の明暗』東京堂出版、一九七七年
角田文衛監修・古代学協会編『仁明朝史の研究』思文閣出版、二〇一一年
所　功『三善清行』吉川弘文館、一九七〇年
同　『菅原道真の実像』臨川書店、二〇〇二年
戸田芳実『日本領主制成立史の研究』岩波書店、一九六七年
直木孝次郎『日本古代の氏族と天皇』塙書房、一九六四年
橋本義彦『平安貴族』平凡社、一九八六年

波戸岡旭『宮廷詩人菅原道真―『菅家文草』・『菅家後集』の世界―』笠間書院、二〇〇五年
平田耿二『消された政治家　菅原道真』文藝春秋、二〇〇〇年
藤原克己『菅原道真と平安朝漢文学』東京大学出版会、二〇〇一年
同　『菅原道真　詩人の運命』ウェッジ、二〇〇二年
古瀬奈津子『摂関時代』岩波書店、二〇一一年
北条秀樹『日本古代国家の地方支配』吉川弘文館、二〇〇〇年
保坂弘司『大鏡全評釈』上巻・下巻、學燈社、一九七九年
保立道久『平安王朝』岩波書店、一九九六年
真壁俊信『天神信仰の基礎的研究』近藤出版社、一九八四年
増村　宏『遣唐使の研究』同朋舎出版、一九八八年
目崎徳衛『貴族社会と古典文化』吉川弘文館、一九九五年
森田　悌『平安時代政治史研究』吉川弘文館、一九七八年
山内晋次『奈良平安期の日本とアジア』吉川弘文館、二〇〇三年
山本信吉『摂関政治史論考』吉川弘文館、二〇〇三年
吉川真司編『日本の時代史五　平安京』吉川弘文館、二〇〇二年
米田雄介『摂関制の成立と展開』吉川弘文館、二〇〇六年
和漢比較文学会編『菅原道真論集』勉誠出版、二〇〇三年
渡邊　誠『平安時代貿易管理制度史の研究』思文閣出版、二〇一二年

菅原道真略年表

西暦	和　暦	事　　　　項
845	承和12	この年，菅原道真誕生.
855	斉衡 2	春．初めて詩を詠む（11歳）.
858	天安 2	8. 清和天皇践祚．藤原良房，摂政の職掌を担う.
862	貞観 4	5. 文章生となる（18）.
864	6	1. 清和天皇元服．藤原良房，摂政を辞しようとするが認められず.
867	9	1. 文章得業生となる（23）.
870	12	5. 方略試合格（26）．9. 正六位上.
871	13	1. 玄蕃助（27）．3. 少内記.
874	16	1. 従五位下（30），兵部少輔．2. 民部少輔.
876	18	11. 清和天皇譲位，陽成天皇践祚．藤原基経，摂政となる.
877	元慶元	1. 式部少輔（33）．10. 文章博士兼任.
882	6	1. 陽成天皇元服．藤原基経，摂政を辞しようとするが認められず.
883	7	4〜5. 渤海使裴頲の接遇に当たる（39）.
884	8	2. 陽成天皇譲位，光孝天皇即位．5. 光孝天皇，太政大臣の職掌の有無につき勘奏を命じる．道真ら，勘申．6. 藤原基経に「奏すべきの事，下すべきの事，必ず先に諮稟せよ」との詔（関白の始まり）.
886	仁和 2	1. 讃岐守に任じられ赴任（42）.
887	3	8. 光孝天皇没，宇多天皇践祚．11. 正五位下．「万機巨細，皆太政大臣（藤原基経）に関かり白し，然る後に奏下すること，一に旧事の如くせよ」との詔．閏11.「宜しく阿衡の任を以て卿（藤原基経）の任と為すべし」との詔，阿衡問題起きる.
890	寛平 2	春，讃岐守の任を終え帰京（46）.
891	3	1. 藤原基経没．2. 蔵人頭（47）．3. 式部少輔兼任．4. 左中弁兼任．この年，寛平・延喜の国制改革始まる.
892	4	1. 従四位下（48）．12. 左京大夫兼任.
893	5	2. 参議，左大弁（49）．3. 勘解由使長官．4. 敦仁親王，立太子．東宮亮．この頃，『日本三代実録』編纂

西暦	和　暦	事　　　　項
		に与る.『類聚国史』編纂.『新撰万葉集』撰進.
894	寛平 6	8. 遣唐大使（50）. 9.「諸公卿をして遣唐使の進止を議定せしむることを請う状」を宇多天皇に呈する.
895	7	5. 渤海使裴頲を紀長谷雄らと接遇する（51）. 10. 中納言・従三位. 11. 東宮権大夫兼任.
896	8	7.「議者をして検税使の可否を反覆せしめんことを請う状」を宇多天皇に呈する（52）. 8. 民部卿兼任. 11. 道真娘衍子入内.
897	9	6. 権大納言・右大将（53）. 7. 宇多天皇譲位, 醍醐天皇践祚. 藤原時平・道真に「奏すべく請うべきの事, 且つはその趣を誨えてこれを奏しこれを請い, 宣すべく行うべきの事, その道を誤つことなくこれを宣しこれを行え」との伝国詔命. 正三位, 中宮（藤原温子）大夫兼任.
898	昌泰元	9.「諸納言等をして共に外記に参らしめんことを請う状」を宇多太上天皇に呈す（54）. この頃, 道真娘, 斉世親王に嫁す.
899	2	2. 藤原時平, 左大臣・左大将. 右大臣・右大将（55）.
900	3	8. 祖父・父と自身の家集（『菅家文草』）を醍醐天皇に献じる（56）. 10. 三善清行,「菅右相府に奉る書」を道真に呈し右大臣を辞することを促す.
901	延喜元	1. 従二位（57）. 大宰権帥に左遷. 2. 大宰府へ赴く.
903	3	2. 大宰府で没（58）.
909	9	4. 藤原時平没.
923	23	3. 皇太子保明親王没,「世を挙げて云う, 菅帥霊魂宿忿の為すところなり」. 4. 道真左遷の宣命を廃棄・焼却し, 道真を右大臣に復し, 正二位を贈る.
930	延長 8	6. 清涼殿に落雷. 9. 醍醐天皇譲位, 朱雀天皇践祚. 藤原忠平摂政となる. 醍醐天皇没.
987	永延元	8. 北野祭が初めて官幣に預かる.
989	永祚元	9. 摂政藤原兼家, 初めて北野社に参詣.
993	正暦 4	6. 道真に左大臣・正一位を贈る. 閏 10. 道真に太政大臣を贈る.

著者略歴

一九六三年　兵庫県出身
一九八五年　広島大学文学部史学科卒業
一九九二年　広島大学大学院文学研究科博士課程後期単位取得退学
現　在　奈良教育大学准教授

〔主要著書・論文〕
『藤原良房』（山川出版社、二〇一二年）
「摂政制成立考」（『史学雑誌』一〇六編一号、一九九七年）
「摂政制成立再考」（『国史学』一九七号、二〇〇九年）

敗者の日本史3

摂関政治と菅原道真

二〇一三年（平成二十五）十月一日　第一刷発行

著　者　今《こん》　正《まさ》　秀《ひで》

発行者　前　田　求　恭

発行所　株式会社　吉川弘文館
郵便番号一一三—〇〇三三
東京都文京区本郷七丁目二番八号
電話〇三—三八一三—九一五一〈代表〉
振替口座〇〇一〇〇—五—二四四
http://www.yoshikawa-k.co.jp/

印刷＝株式会社　三秀舎
製本＝誠製本株式会社
装幀＝清水良洋・樋口佳乃

ISBN978-4-642-06449-1

敗者の日本史

刊行にあたって

現代日本は経済的な格差が大きくなり、勝ち組と負け組がはっきりとした社会になったといわれ、格差是正は政治の喫緊の課題として声高に叫ばれています。

しかし、歴史をみていくと、その尺度は異なるものの、どの時代にも政争や戦乱、個対個などのさまざまな場面で、いずれ勝者と敗者となる者たちがしのぎを削っていました。歴史の結果からは、ややもすると勝者は時代を切り開く力を飛躍的に伸ばし、敗者は旧体制を背負っていたがために必然的に敗れさった、という二項対立的な見方がなされることがあります。はたして歴史の実際は、そのように善悪・明暗・正反というように対置されるのでしょうか。敗者は旧態依然とした体質が問題とされますが、彼らには勝利への展望はなかったのでしょうか。敗者にも時代への適応を図り、質的変換への懸命な努力があったはずです。現在から振り返り導き出された敗因ではなく、多様な選択肢が消去されたための敗北として捉えることはできないでしょうか。最終的には敗者となったにせよ、敗者の教訓からは、歴史の「必然」だけではなく、これまでの歴史の見方とは違う、豊かな歴史像を描き出すことで、歴史の面白さを伝えることができると考えています。

また、敗北を境として勝者の政治や社会に、敗者の果たした意義や価値観などが変化しながらも受け継がれていくことがあったと思われます。それがどのようなものであるのかを明らかにし、勝者の歴史像にはみられない日本史の姿を、本シリーズでは描いていきたいと存じます。

二〇一二年九月

吉川弘文館